JN122146

基礎からまなべる保育内容（環境）ワークブック

編著者：田中 卓也 × 岡野 聡子 × 藤井 伊津子 × 橋爪 けい子 × 木本 有香 × 小久保 圭一郎

あいり出版

執筆者

田中卓也	■静岡産業大学　教授	：編者、はじめに、第 10 章 1、2(1)(2)、3
岡野聡子	■奈良学園大学　准教授	：編者、第 15 章、9 章 2(1)(2)、おわりに
藤井伊津子	■吉備国際大学　専任講師	：編者、コラム 1、ちょっとひといき
橋爪けい子	■ひがしみかた保育園　園長	：編者、第 8 章、コラム 8-1、8-2
木本有香	■東海学園大学　准教授	：編者、第 4 章、コラム 4、第 6 章 1、2、4
小久保圭一郎	■倉敷市立短期大学　教授	：編者、第 1 章
木戸啓絵	■岐阜聖徳学園大学短期大学部　専任講師	：第 2 章
柳生明子	■福岡こども短期大学　講師	：コラム 2、コラム 7
香曽我部琢	■宮城教育大学　准教授	：第 3 章
小森谷一朗	■羽陽学園短期大学　講師	：第 3 章
郷家史芸	■蒲町こども園　保育教諭	：第 3 章
浅見優哉	■愛国学園保育専門学校　教諭	：コラム 3、コラム 15
福田篤子	■東京立正短期大学　専任講師	：第 5 章
加藤　緑	■清和大学短期大学部　専任講師	：コラム 5、コラム 14-1
栢　清美	■稲葉地こども園　主幹保育教諭	：第 6 章 3
北澤明子	■秋草学園短期大学　専任講師	：コラム 6、コラム 9-2
五十嵐淳子	■東京家政大学　准教授	：第 7 章
伊藤能之	■埼玉学園大学　非常勤講師	：第 9 章 1、2(3)、コラム 9-1
関　容子	■東京福祉大学　専任講師	：第 10 章 2(3)
増田吹子	■久留米信愛短期大学：准教授	：第 11 章
日隈美代子	■静岡産業大学　講師	：コラム 11、コラム 12
塚越亜希子	■群馬医療福祉大学　専任講師	：第 12 章
佐々木由美子	■足利短期大学　教授	：第 13 章
中澤幸子	■名寄市立大学　准教授	：コラム 13、コラム 14-2
川村高弘	■神戸女子短期大学　教授	：第 14 章

■はじめに■

　本書は、「基礎からまなべるシリーズ」の第2弾となります。

　子どもは、身近な環境に興味や関心をもち、何かに気づき、試行錯誤する中で、成長・発達を遂げていきます。そのため、保育者は、子どもにとってのより良い環境とは何かを常に考える必要があります。

　みなさん、子ども時代を思い出してみましょう。畑で、さつまいも掘りや大根引きをしたことはありませんか。時を忘れてさつまいもの収穫に集中した経験はどうでしょうか。園にて、うさぎやニワトリを飼育したこと、ドングリを拾って、コマをつくったり、冬の水たまりで滑って転んだりなど・・・さまざまな経験をしてきたのではないでしょうか。

　さて、みなさんは、保育者（保育士・幼稚園教諭・保育教諭・施設職員など）になりたいと考えている方も多いと思います。本書は、保育者養成を行っている四年制大学をはじめ、短期大学、専門学校、さらには高等学校の保育学科（保育科）の学生のみなさん、現場で働く新人保育者に至るまで幅広い対象者を想定して作りました。本書は、「誰もが手に取りやすい」ものであり、自分の好きな本を読んでいくような感覚で「気軽に学ぶことができる」といったところでしょうか。いわば幅広い立場にあるみなさんに愛されるテキストであると自負します。

　本書の特徴は大きく3点あります。1点目は、「テキスト」（教科書）としてではなく、「ワークブック」としているところです。大学、短期大学、専門学校の講義では、テキストが事前に決められ、テキストの内容に沿って「シラバス」が作成され、講義が進められます。本書は、各章の概要などの説明をできるだけ少なくし、学生のみなさんが自学自習で取り組めるように工夫しています。2020年1月以来、わが国では新型コロナウイルス（covid-19）感染症の蔓延により、新しい生活様式が取り入れられ、大学、短期大学、専門学校では、Zoom や Teams、Google Meet などといったリモートでの授業が行われるようになりました。また、対面授業とリモート授業の併用のところも少なくないでしょう。そのため、自宅で使用する機会が増えることを考え、学生さんが常に肌身離さず持っていられるようなサイズのレイアウトに仕上げました。是非とも、大いに活用していただきたいと思います。

　2点目は、2017年に改訂された「保育所保育指針」や「幼稚園教育要領」、「幼保連携型認定子ども園教育・保育要領」を踏まえた最新の準拠型ワークブックになっているところです。各章の担当執筆者は、大学や短期大学、専門学校などで実際に講義をしている先生方や保育現場の園長先生こども園の保育教諭の方々になります。講義をしている先生、現場経験のある先生方の目線から、「ここが大事なところ」とか「ここは難しいと思われるので、わかりやすく」と配慮しながら、各章の内容を構成しています。ワークを行っていて、理解が進む学生さんはどんどん先に学習を進めていきましょう。また、ワークが難しいと思われる学生さんは、各章に明記された概要をしっかり読み、再度ワークにチャレンジしましょう。わからないからといって、焦る必要はまったくありません。皆さんが、将来保育者になるという夢をかなえることができれば、遅い早いは大きな問題ではないからです。「わかった」という感触がとても大切だからです。「わかった」のであれば、次の

ところも「わかった」という感覚が持てるようにじっくり取り組んでいきましょう。

　3点目は、本ワークブックは重要なポイントを凝縮して掲載しているので、時間や手間ひまがかからないということです。学生のみなさんは、講義だけでなく、アルバイトやクラブ活動などで忙しくされていることでしょう。毎日を忙しく過ごしている学生のみなさんのことを考え、各章のページ数も8ページから10ページほどにしています。いわば、一度取り組んだら最後までやりきってしまうだけの集中力をもつことができる紙幅です。長文を読むことが苦手な学生さんやじっくり取り組むことが得意でない学生さんも取り組みやすい「やさしいワークブック」です。

　最後になりましたが、これから「保育内容（環境）」を学ぶことになるみなさんに、「保育内容（環境）」の「ねらい」に書かれている大切な文言を伝えたいと思います。

「身近な環境に親しみ、自然と触れ合う中で様々な事象に興味や関心を持つ」
「身近な環境に自分から関わり、発見を楽しんだり、考えたりし、それを生活に取り入れようする」
「身近な事象を見たり、考えたり、扱ったりする中で、物の性質や数量、文字などに対する感覚を豊かにする」

　「保育内容（環境）」は、「自然と触れ合う中で」、「発見を楽しんだり、考えたり」、「数量や文字に対する感覚を豊かにする」ことが求められます。自分自身の子ども時代も思い出しながら、多くの経験を積んでください。経験はおとなになってからも大切なことです。失敗も成功もみなさんの「人生の糧」になることでしょう。

　さあ、まずは最初の1ページを開いてください。「保育内容（環境）」を学ぶ講義のはじまりです。

2021年8月4日
編者のひとりとして　田中卓也

第1章
"環境を通した保育"って、なんだろう

　本ワークブックの内容は、「保育内容（環境）」を中心にしたものです。それは幼稚園教育要領では「第2章」に書かれている内容。本章で学ぶのは、その前の「第1章」に書かれている "環境を通した保育" についてです。両方〈環境〉という言葉が使われていますが、違いはあるのでしょうか。本章ではその違いを考えながら、"環境を通した保育" の理解を深めていきます。

1 "環境を通した保育" がわかれば保育がわかる！？

【問1】次の①～③の文章に共通するワードを1つ挙げてください。

　①幼児期における教育は、生涯にわたる人格形成の基礎を培う重要なものであり、幼稚園教育は、学校教育法に規定する目的及び目標を達成するため、幼児期の特性を踏まえ、環境を通して行うものであることを基本とする。

　②身近な環境に親しみ、自然と触れ合う中で様々な事象に興味や関心をもつ。

　③身近な環境に自分から関わり、発見を楽しんだり、考えたりし、それを生活に取り入れようとする。

【回答】

　問1の答えは［環境］でした。

　①は、幼稚園教育要領第1章総則「第1　幼稚園教育の基本」、②と③は幼稚園教育要領「第2章　ねらい及び内容」の中の「環境　1　ねらい」（保育所保育指針では「第2章　保育の内容3（2）ウ」、幼保連携型認定こども園教育・保育要領では「第2章　ねらい及び内容並びに配慮事項第3」）に書かれている文章です。

　読者諸君が本書で主に学ぶのは後者、いわゆる保育内容 "環境" についてです。

　一方、本章で学ぶのは①。この文章は幼稚園教育要領の第1章、それも冒頭に書かれていて、そのタイトルにあるようにまさに幼稚園教育の "基本" といった内容です。

　もう一度、①を見てみましょう。「幼稚園教育は（中略）、幼児期の特性を踏まえ、環境を通して行うものであることを基本とする」と書かれていますね。すなわちこの文章で述べられているのは「幼稚園教育の基本は、環境を通して行うもの＝ "環境を通した保育" である」ということです。

　"環境を通した保育" って、どんなものなんでしょう？そして、幼稚園教育の基本がなぜ "環境を通した保育" なんでしょう？本章では、この2つの問いについて考えていきます。

【問2】"環境を通した保育"、保育内容（環境）、両者とも共通して〈環境〉という言葉が用いられ

ています。それぞれに違いはありますか。あるとしたら、どのような違いがありますか。幼稚園
教育要領や保育所保育指針等を参考にして、あなた自身の見解を具体的に述べてください。また
それぞれの見解をもとに、グループで意見交換してみましょう。

【回答】

　筆者の担当する『保育原理』『保育課程論』『保育者論』等の授業で実施している試験では、同様
の問題を出すようにしています。

　筆者の授業を受けてくれた学生たちの回答には、このようなものがありました。

・"環境を通した保育"の〈環境〉は、保育者が子どもに援助する際構成するもので、保育内
　容"環境"の〈環境〉は、子ども自身が関わるもの、という違いがある。

・"環境を通した保育"の〈環境〉には、保育者の意図が込められているが、保育内容"環
　境"の〈環境〉には保育者の意図がない。

・"環境を通した保育"の〈環境〉は、主に園の環境のことで、保育内容"環境"の〈環境〉
　は、主に自然や社会の環境のことである。

・両者とも保育に関係する〈環境〉のことなので、違いはない。

　4つの回答例のうち、上の2つは惜しいところまでいっていますが、下の2つは保育における
〈環境〉がどのようなものであるか、理解に欠けています。ちなみに、この設問の1番目の問いで
ある「それぞれの〈環境〉に違いはあるか」について、私の回答は「違いはある」です。実はこれ、
非常に重要かつ本質的な問いです。筆者を始めとして保育者養成に携わる教員や保育研究者の先生
方でも、この両者の関係については混乱することが多いようです。読者諸君にとって難しい設問で
あるのは当然で、教員や研究者でも、この問いに対して明確に答えられるかどうか。そのくらい、
この設問は難しい。

　しかし一方、両者の違いについて明確に回答できたならば、それは保育の本質について理解して
いる、保育がわかっているということの証でもあります。保育内容（環境）の具体的中身について
は、本書の各章で詳しく書かれていますので、そちらをご覧いただくとして、本章では"環境を通
した保育"の〈環境〉について一緒に考えていきましょう。その上で、改めてこの設問について考
えたり、グループで話し合ったりしてみてください。

②身の回りにある"環境を通した○○"的な物的環境

　電車の車両を思い浮かべてみましょう。どの車両にも、乗客が座るための座席がありますね。そ
の座席はたいてい2種類あって横幅が短いものと長いものがあります（乗客同士が向かい合わせに

なる、いわゆるボックス席は除きます）。横幅が長い座席は、何人座ることを想定したものでしょうか。おそらく7〜8人ではないかと思います。

〔ワーク1〕図1-1の座席が8人がけだとして、8人で座ってもらうためにどうしたら良いでしょうか。デザインの変更を含め、あなたなりのアイディアをできるだけ多く挙げてください。またそれぞれのアイディアについて、グループで意見交換してみましょう。（直接図に書き込んでも構いません。）

●図1-1　8人がけ座席（著者撮影・加工）

●図1-2　8人がけであることを示す車内掲示（著者撮影）

　図の座席に8人座ってもらう方法としてまず思い浮かぶのは、車内アナウンスによる“ご協力のお願い”です。「座席は8人がけとなっております。お客様は譲り合って、一人でも多くのお客様がお座りになられますようご協力をお願いいたします」といったアナウンスを聞いたことがある人もいるでしょう。（近年ではコロナ禍の影響もあってか、「感染防止のためマスク着用のお願い」「換気のため窓を開けることのご了承」などのアナウンスばかり耳にするようになりましたね。）こうしたアナウンスは、保育の場で言えば、保育者が子どもにする“声かけ”や“ことばかけ”にたとえることができます。

　また、図1-2のように「ここは8人がけです」という掲示を車内に貼り出すという方法もあります。筆者も口頭や掲示で学生たちに伝えることが多くあります。ですから、アナウンスや車内掲示という方法は常套手段と言えるでしょう。でも中には、注意喚起のアナウンスや注意書きなどの掲示に対して、あまり快く思わない人もいるかもしれません。哲学者の中島義道さんは著書の中で、街中にあふれている「アアしましょう、コウしましょう、アアしてはいけません、コウしてはいけません」というアナウンスや掲示に対して怒りを露にしていました（『「対話のない」社会―思いやりと優しさが圧殺するもの』等）トーベ・ヤンソンさんの童話『ムーミン』に登場するスナフキンは「べからず、べからず」と書いてある公園の“立て札”が大嫌いです（『ムーミン谷の夏まつ

り』)。

　では、注意喚起や注意書きなどをせず、指定の人数（ここでは8人）で座ってもらうには、どんな方法があるでしょうか。例えば、図1-3のようなデザイン。私がよく利用する電車の座席です。

●図1-3　京成電鉄3700形車両8人がけ座席（著者撮影）

●図1-4　京成電鉄3000形車両8人がけ座席（著者撮影）

　図1-3でご注目いただきたいのは、座席に1つずつ施されている"くぼみ"です。数えてみると、くぼみが8つあります。また、左から数えて5つめに座席の分け目線が入っている。これらを手がかりとして、乗客は座席が8人がけであることを了解するわけです。続いて図1-4を見てください。座席の真ん中の辺りに、縦に手すりが1本設置されています。この座席では、手すりが仕切りとなって左右は4人ずつ、つまり4＋4＝8人がけ、ということが一目でわかりますね。

　これらデザインの工夫によって、アナウンスや掲示がなくとも、たいていの乗客は誰に強制されることもなく自らの意志で、8人がけの座席に8人で座ることになります。（もちろん、乗客の誰もが必ず8人で座るとは限りませんが。）「誰に強制されることもなく自らの意志で」と書きましたが、座席デザインの工夫という〈環境〉が、8人がけに8人で座るよう乗客を誘導しているとも言えます。ちなみに図1-4の車両には、図1-2のような掲示はありませんでした。くぼみや手すりといった座席の工夫には、それをデザインした人たちの「このように行動してほしい」という意図が込められています。

　では、電車の座席デザインに込められた、鉄道会社の意図はなんでしょうか。「乗客が8人がけの席に8人座る」です。では「8人座る」目的は何でしょう。それは、アナウンスや掲示にもあるように「一人でも多くの乗客が座れるように」するためです。デザインをした方は、おそらくそのために座席に工夫を施していると思われます。このような工夫が施されていれば、アナウンスや掲示のような不快感はあまり抱かずに、自然に（自らの意志で）8人で座ることができますよね。

　電車の座席デザインは、"環境を通した保育"でいうところの物的環境の構成と言えるでしょう。

　保育者が物的環境を構成する意図は「子どもが自発的・主体的に生活する」であり、その目的は子どもの「心身の発達を助長すること」です（学校教育方法第22条）。ですから"環境を通した保育"の物的環境では、心身の発達を助長するために、子どもが自発的・主体的に生活できる、すなわち子どもが自ら「やってみたい！」と思えるような環境を構成する必要がある。加えて、子どもが自発性・主体性を発揮するには、大人の過剰な"声かけ""ことばかけ"よりも、彼らがやっ

てみたくなるような環境を構成することの方が重要であるとも言えるのではないでしょうか。

〔ワーク2〕あなたの身の回りにある、"環境を通した○○" 的な物的環境を挙げ、その意図と目的について書いてみましょう。

＜例＞物的環境：デパートの高層階に、催し物会場を設置する。

　　　意図：高層階に客を誘導し、下層へ降りていく途中でも買い物するようにする。

　　　目的：客がより多くの商品を購入する。

3 身の回りにある "環境を通した○○" 的な人的環境

　図1-5をご覧ください。これ、何の行列だと思います？

●図1-5　何の行列？（画像・動画素材サイト『PIXTA』より購入

　実は筆者にもわかりません。（インターネットの画像素材サイトから購入したものですから。）それでも、行列の先に何か人を惹きつけるものがあることだけはわかる。こうした行列を見たら、「とりあえず私も並ぼう」と思う人もいるかもしれません。あるいはその時並ばなくても「時間があるとき並んでみよう」とか「空いているとき覗いてみよう」と思う人もいるでしょう。いずれにしても、「とりあえず一回は（行列の先に）行ってみようかな」と思う人が大半なのではないでしょうか。行列だけでなく、たとえば、誰かが面白そうに取り組んでいることに、人はたいてい興味を抱きます。やり方がわからなかったとしても、その人の動きをみたり、その人にやり方を教えてもらったりして、それに参加することもあります。こうした事象からは、その人の振る舞いや行動、態度といった人的環境が周囲の人々の行動に影響を与えた、ということがいえますね。

　『幼稚園教育要領解説』には、保育者の人的環境として役割として「憧れを形成するモデル」が示されています（第1章　第4節　3指導計画の作成上の留意事項（7）教師の役割）。モデルと

は、「お手本になる」という意味では必ずしもありません。「先生のしている遊びを私もやってみたい！」と思うような、言わば子どもが真似したくなる"遊びのモデル"なのです。行列も、たとえばそれがお店の行列であれば、「私もこのお店に行ってみたい！」と周囲の人々に思われる、いわばモデルの役割を担っていると捉えることもできます。（ここで筆者が申し上げたいのは、行列を見て「私も行列に並びたい！」と思うのではなく、「行列のできるような美味しいラーメン屋さん」に「私も行ってみたい！」と思うということですので、誤解のないように。）園での遊びも、保育者が楽しそうにやっている、面白そうに取り組んでいる（ように見える）から、自分もやりたくなる。人的環境においても物的環境と同様、子どもが自ら「やってみたい！」と思うような環境を構成する、つまり保育者はそうした振る舞いや行動、態度をとる必要があるのです。

　行列の場合、あくまで行列ができるような品々を提供した結果としてそうなったわけで、店が意図的に行列そのものを作ったわけではありません。しかし一方で、店を繁盛させるために、この「行列のできる店だから、良い品があるに違いない」という人々の心理（バンドワゴン効果）を巧みに利用する、という方法もあります。"サクラ"というタームを聞いたことがありますか。店に雇われて客や行列の中に紛れ込み、商品の売れ行きが良い雰囲気を作り出すなどする人たちのことです。（最近では、インターネットの飲食サイトの口コミに、お金をもらって好意的なレヴューを投稿するサクラ行為が問題になったこともありました。）これは詐欺罪にあたることもあり、絶対してはいけない行為ですが、電車の座席や行列のたとえ話からは、人の行動はある程度物的環境や人的環境によって誘導ができる、ともいえますよね。ですから"環境を通した保育"において、保育者が主導して子どもに何かさせるのも、環境を通して子どもを誘導するのも、大人の意のままにさせようとしている点では同じではないか、という批判もあります。

④環境の再構成と子どもの自発性・主体性の尊重

　座席が8人がけで座れるようデザインされていたとしても、必ず乗客全員がそう座るとは限りません。空いていればゆったりと間隔を空けて座るでしょう。人気店の行列だって、たいして気にしない人やむしろ「行列ができているからこそ行かない」と思う人もいます。つまり、どんな環境を構成したとしても、人はこちらが意図した通りに行動するとは限らないということです。同じように保育でも、意図した通りに子どもが動かなくても良いのです。むしろ意図した通りに動かそうと思ってはいけない。それより"環境を通した保育"で尊重されるのは、子どもの自発性・主体性です。

　もちろん保育を実践していく上で、保育者の意図は大事です。意図のない援助は、保育者の援助ではありません。それでも、一番に尊重されるのは子どもの自発性・主体性なのです。ですから、保育者が意図を込めて構成した環境に子どもが興味や関心を示さなかったり、込めた意図とは違う使い方をしたりしたとしたら、保育者が構成した環境をその時その子どもの興味・関心に沿って変えていくことになります。これが環境の再構成です（幼稚園教育要領第1章）。

5 2つの〈環境〉の違い

さて、ここまで "環境を通した保育" の〈環境〉とはどのようなものかについて、なるべく我々の身近な話題にたとえながらお話ししてきました。その内容を一言でいうなら "環境を通した保育" の〈環境〉とは、方法としての環境だということです。"環境を通した保育" とは、保育の方法のことをいっています。つまり、子どもが園生活において自発性・主体性を発揮させるための方法が "環境を通した保育" の〈環境〉というわけです。保育所保育指針では、"環境を通した保育" の内容が「保育の方法」という項目に書かれています。

【第1章　総則（3）保育の方法】（抜粋）
保育の目標を達成するために、保育士等は、次の事項に留意して保育しなければならない。
　　オ　子どもが自発的・意欲的に関われるような環境を構成し、子どもの主体的な活動や子ども
　　　　相互の関わりを大切にすること。特に、乳幼児期にふさわしい体験が得られるように、生活
　　　　や遊びを通して総合的に保育すること。

　一方、このあと本書で解説する保育内容（環境）は、子どもが経験する内容としての〈環境〉のことです。両者には、方法と内容という違いがあるのです。この違いがわかるということは、保育の方法が "環境を通した保育" だということがわかっているということです。だから先ほど、「2つの〈環境〉の違いがわかるということは、保育がわかっているということの証だ」というお話をしたのです。
　さて、子どもが自発性・主体性を一番発揮するのは何をしているときでしょう。そう、遊んでいるときです。また、遊びは子どもにとって「心身の調和のとれた発達の基礎を培う重要な学習である」と、幼稚園教育要領にも書かれています（第1章）。自発的・主体的に遊ぶから、幼児にとってそれは重要な学習であるとも言えますね。ですから、幼稚園教育要領には、わざわざ「自発的活動としての」遊びと書かれていて、遊びを通しての総合的指導が謳われているのです。
　なぜ "環境を通した保育" が幼稚園教育の基本であるかという2つめの問いの答えが、ここにあります。

6 知的な営み＝ "思考する" のススメ

　本章では、あえて保育や子どもの具体的な話題にほとんど触れませんでした。代わりに、できるだけ読者諸君の身の回りにある事柄を例に挙げてお話しするよう心がけました。
　これには2つの理由があります。その1つには、どんなことからも保育について考えることができる、どんな時どんな場所でも保育について学ぶことができる、ということを示すためです。保育者養成校での授業や保育現場での実習は、もちろん重要です。また本書のようなテキストを読むことも、大事なことです。でも、保育者の専門性はそうした場でしか学べないということはありません。保育は、"生活の営み" そのものです。読者諸君の生活の中からでも、学べることが保育にはたくさんあります。そしてもう1つの理由は、「ある事柄からまったく別の事柄を思い浮かべる」

という発想のススメです。それは、自分の身の回りにある事柄を手がかりとして「これって保育でいうと、あれのことじゃない？」と思いつくような発想のことです。

こうした発想は「知性の本質的な機能」だと、思想家の内田樹さんは言います（『映画は死んだ』）。そして、それは"思考する"という営みだとも内田さんは言っていました（『映画の構造分析—ハリウッド映画で学べる現代思想』）。

本書はまさに、読者諸君をそのような"思考する"という知的な営みへ誘うものなのです。

【参考文献】
森上史朗（編著）（1998）『幼児教育への招待—いま子どもと保育がおもしろい』ミネルヴァ書房
文部科学省（2017）『幼稚園教育要領』フレーベル館
厚生労働省（2017）『保育所保育指針』フレーベル館
内閣府・文部科学省・厚生労働省（2017）『幼保連携型認定こども園・教育保育要領』フレーベル館

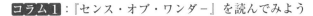

コラム 1：『センス・オブ・ワンダー』を読んでみよう

保育を学ぶ皆さんにお薦めの 1 冊

『センス・オブ・ワンダー』
　　レイチェル・カーソン／著
　　上遠恵子／訳　森本二太郎／写真
　　新潮社　1996 年

　レイチェル・カーソル（1907〜1964）は、アメリカのペンシルベニア州スプリングデールの小さな農場で 3 人きょうだいの末っ子として生まれました。文学好きの少女は 22 歳まで本当の海を見たことがなかったといいます。大学、大学院と進む中で "生物学" に魅せられ、のちにアメリカ合衆国漁業局・魚類野生生物局の公務員となり、海洋生物学者として活躍しました。1962 年出版の『沈黙の春』は、大量のデータをもとに化学農薬の汚染を警告し、人と自然との関わりについて世界に大きな影響を与えました。癌のため 56 歳で亡くなりましたが、最後の作品となった『センス・オブ・ワンダー』は、甥のロジャーと一緒に自然を楽しんだエピソードや、自然のもつ力の偉大さ、命のすばらしさ、そして大人として子どもにどのように自然と関わることを手助けすればよいのかなど教えてくれます。保育を学ぶ皆さんに、是非読んでほしいと思います。

　本書は、ページをめくると自然の奏でる音楽が聞こえてくるような、美しい写真がたくさん載っています。写真を楽しみながら皆さんの "センス・オブ・ワンダー" を深めてください。私はゼミで『センス・オブ・ワンダー』を輪読しています。その後、感想を話し合うのですが、いろいろな気付きを共有する楽しさがいつもあります。例えばこんな感想があります。

・　もっと早くにこの本に出会っていたら、子どもたちと実習で園外保育に出かけた時に、草花や虫たちを見つけたり、子どもたちに丁寧に言葉かけをしたりなど、もっと一緒に身近な自然を楽しめたと思う。
・　子どもは自然に触れてワクワクドキドキを感じ、好奇心を駆り立てている。その好奇心が人生を豊かにし、自然環境を守る意識を育てていくのだと感じた。

　本書から皆さんの日常に自然とふれる楽しみの時が膨らんでいきますようにと祈って紹介します。

【参考文献】
マーティー・ジェザー（1994）『運命の海に出会って　レイチェル・カーソル』ほるぷ出版

第**2**章
"自然体験"について知ろう、
出かけてみよう

　本章では、現代社会に生きる子どもたちにとって自然体験がどのような
意義を持つのかについて考えていきます。まずは、私たちの暮らす地球環境の現状や国際的な動向
についてみていきます。その上で、子どもたちが身近な自然を感じられるような実践例や、保育者
を目指すみなさんにおすすめのワークなどもいくつか紹介します。楽しむ気持ちを大切にしながら、
学びを深めていきましょう。

①自然と子ども

（1）持続可能な社会を生きる時代

　2021年現在、気候変動をはじめとする自然災害や感染症の問題など地球規模の課題は、年々深
刻さの度合いを深めています。急激な近代化に伴い、人間の生活、特に先進国のライフスタイルを
支える様々な社会システムが、地球上に重大な影響を与え続けています。世界各地で、大規模な森
林火災や大洪水により生態系への深刻な影響が出ています。日本においても大型台風の頻発や猛暑
日の増加など、気候変動が人間の生活にも甚大な被害をもたらしています。

①私たちの生活を支える自然

　このような環境の変化が続く中、あらためて自然と人間の関係性について考え直す時期に来てい
ると言えるでしょう。私たちが生きていくために必要な食料、水、木材、繊維、鉱物などはすべて
地球の自然の恵みの上に成り立っています。たとえば、洋服の材料となる繊維は、木綿、麻、羊毛
などが原料となっていますし、大学の建物に使われるコンクリートや鉄は鉱物からできています。
持続可能な暮らしを支えている土台である自然に対して、私たち人間はこれまでどのように向き
合ってきたでしょうか。私たちの日常生活が自然に対してどのような影響を与えているのか、いっ
たん立ち止まって考えてみる必要がありそうです。

②持続可能な社会を目指して

　2015年9月に国際連合本部で、持続可能な世界を実現するための国際的な目標としてSDGs
（Sustainable Development Goals：持続可能な開発目標）が採択されました。それを受けて、2016
年からSDGsで掲げられた17の目標の達成を目指して、世界各国でさまざまな政策や取り組みが
進められています。17の目標には、福祉や教育、地球環境、まちづくりや産業、ジェンダーなど
多岐にわたるテーマが並んでいます。これらの目標を達成するためには、「教育」が大きな鍵を
握っていると言われています。持続可能な社会を目指した教育は、ESD（Education for

Sustainable Development：持続可能な開発のための教育）や EfS(Education for Sustainability：持続可能性のための教育）といった名称で世界各国においていろいろな取り組みが行われています。これまでも 1992 年に「環境と開発に関する国際連合会議（United Nations Conference on Environment and Development)」が開催されて以来、持続可能な未来に向けた教育の理念や実践が、さまざまな形で模索されてきました。なかでも、人の発達のプロセスや価値観形成の観点からみても、このような教育は就学前から始める必要があるとされています。

　日本でも、2014（平成 26）年に刊行された「環境教育指導資料【幼稚園・小学校編】」において、自然体験活動などの重要性が明記されています。さらに、2017（平成 29）年改訂の「学習指導要領」や「幼稚園教育要領」でもその前文の中に、子ども一人ひとりが「持続可能な社会の創り手となる」という文言が加筆されました。ここで、持続可能な社会に向けて鍵となるのが、「自分ごと」として環境を捉える視点です。つまり、私たち人間を取り巻く環境を、自分と関係のあるものとしてつながりを感じながら、自然と共生していくことができる人を育成することが求められています。

（2）自然との関わり

　自然との関わりについては、「幼稚園教育要領」「保育所保育指針」「幼保連携型認定こども園教育・保育要領」の領域「環境」の中で、特に大きく取り上げられています。

　たとえば、保育所保育指針の「環境」の領域では、1 歳以上 3 歳未満児の保育に関する内容として、「①安全で活動しやすい環境での探索活動等を通して、見る、聞く、触れる、嗅ぐ、味わうなどの感覚の働きを豊かにする」「⑤身近な生き物に気付き、親しみをもつ」といった記載があります。自然体験を通して、子どもたちの豊かな感覚を育むとともに、身近な動植物に対して親しみをもつことができるような保育が求められています。さらに、内容の取扱いにおいても、「②身近な生き物との関わりについては、子どもが命を感じ、生命の尊さに気付く経験へとつながるものであることから、そうした気付きを促すような関わりとなるようにすること」と記載されてます。子どもと生き物の関係性が深まり、子どもが生命の尊さを感じられるよう、保育者にはさまざまな場面で工夫が求められます。

　また、3 歳以上児の保育に関する内容では、自然との関わりに関する記述はさらに増え、「①自然に触れて生活し、その大きさ、美しさ、不思議さなどに気付く」「③季節により自然や人間の生活に変化のあることに気付く」「④自然などの身近な事象に関心をもち、取り入れて遊ぶ」「⑤身近な動植物に親しみをもって接し、生命の尊さに気付き、いたわったり、大切にしたりする」といった記述が見られます。子どもたちが、生活や遊びの中で、心を動かしながら身近な動植物と関わることで、自分とつながりをもった存在として向き合うことができるような保育環境が求められます。そのような保育環境を考える際に重要になる点が、内容の取扱いの②と③で以下のように述べられています。

> ② 幼児期において自然のもつ意味は大きく、自然の大きさ、美しさ、不思議さなどに直接触れる体験を通して、子どもの心が安らぎ、豊かな感情、好奇心、思考力、表現力の基礎が培われることを踏まえ、子どもが自然との関わりを深めることができるよう工夫すること。
> ③ 身近な事象や動植物に対する感動を伝え合い、共感し合うことなどを通して自分から関わろうとする意欲を育てるとともに、様々な関わり方を通してそれらに対する親しみや畏敬の念、生命を大切にする気持ち、公共心、探究心などが養われるようにすること。

このように保育者は、子どもたちの発達のプロセスや一人ひとりの興味などに応じた自然との関わりとはどのようなものか、つねに考えていかなければなりません。人間である自分自身も含めた形で、生き物同士のつながりや調和のとれた生態系の仕組みを理解したり、自分たちの生活と関連させて自然現象を理解するには、自然と直接関わる経験が欠かせません。また、生命のたくましさや儚<ruby>儚<rt>はかな</rt></ruby>さ、自然への畏敬の念については、心と体を動かして体験的に理解することが乳幼児期にはなによりも大切です。子どもにとって、自然体験は不可欠ですが、同時に保育者がどのように自然と関わっているか、モデルとしての保育者の存在も大きな意味を持つことを忘れてはならないでしょう。

（3）保育者の在り方

それでは、保育の中で、自然と子どもとの関わりを支えるような保育者の役割とはどのようなものでしょうか。みなさんの中には、小さな頃は外で遊ぶことが好きだったけれども、大人になった今は虫が苦手な人、生き物に触れることに抵抗を感じる人もいるかもしれません。ここでは保育者の在り方として重要になる点を3つ挙げたいと思います。自然と少し距離ができてしまった人も、今も自然に親しみを覚える人も、保育者として求められる事柄について考えてみましょう。

①子どもの思いを肯定的に受け止めよう

保育者として大切なことは、なによりも子どもが自然体験を通して感じたこと、考えたことを受け止めることです。目をキラキラと輝かせて草むらで見つけた虫を見せに来てくれた子どもに対して、みなさんが保育者だったらどのように振舞うでしょうか。できるだけ子どもの気持ちに共感し、どのような生き物に対してもなるべく肯定的な関わりを心がけたいものです。しかし、無理やり苦手なものを好きになることはなかなか難しいかもしれません。そのようなときは、なぜこの子どもはこの生き物に対して興味をもっているのか、どのようなところに心を惹かれているのか、子どもと同じ目線に立って、子どもがしていることをできる範囲で真似してみましょう。子どもたちが興味を抱き、親しみを持っている生き物に対して、保育者も同じように心を開いて向き合ってみてほしいものです。

②子どもと一緒に探求してみよう

また、自然のことはあまり詳しくないので、子どもたちと一緒に自然体験をすることに不安を覚

える方もいらっしゃるかもしれません。さまざまな自然体験を通して子どもたちは、自然の中ではいろいろな存在がつながり合い支え合っていることや、生き物の命の尊さ、自然への畏怖など、言葉で説明しきれない数多くの事柄を学びます。また、乳幼児期は身の回りの世界を理論的に知識で理解するよりも、心や体を働かせて体験を通して学んでいく時期です。ですから、保育者は子どもたちに対して一方的に自然に関する知識を与えたり、理論的な説明をするよりも、子どもたちと一緒に自然を探求すると同時に、さまざまな命と共に生きていく共生の姿勢を持ってもらいたいものです。

　子どもたちの中から、生き物や自然現象についてもっと知りたいという声があがってきたときには、一緒に図鑑などで調べてみるのもよいでしょう。また、ネイチャーガイドの方々などと連携して保育の活動を実践したり、保育者や保護者向けの自然体験の場や自然について学ぶ機会を作ってみてもよいでしょう。

③安全管理についても忘れずに

　なお、子どもたちが安全に活動できるためには、保育者自身があらかじめ自然体験におけるリスクやハザードについて認識しておくことが肝要です。子どもが自分の力では回避できない危険（ハザード）については、事前に保育者が取り除く必要があります。一方で、子どもにとって冒険や挑戦の機会となるとともに、自ら予測して回避できるような危険（リスク）については、子ども一人ひとりの状況を見ながら適切に見守ることが求められます。

２ 身近な自然を感じよう～お散歩にでかけてみよう！～

　みなさんは、最近いつお散歩に行きましたか。自宅や大学の周りをゆっくり歩いてみると、思わぬ発見があるものです。前節でも述べましたが、子どもたちにとって、身近な環境と関わることはとても大切です。本節では、子どもたちとお散歩をするときに、大事になる点を三つお伝えします。これからお伝えする三点を意識しながら、ぜひみなさんも大学のキャンパス周辺や家の近くなどを散歩してみてください。

1．定期的に同じ場所に行くこと
2．自然に関する知識を得るよりも、五感で自然を楽しむことを大切にすること
3．ゴールを目指すのではなく、いまの時間と目の前のものを味わうこと

（1）同じ場所に何度も行ってみよう

　大人は、子どもにできるだけ多くの経験をしてほしいと望むものです。今まで行ったことのない場所、見たことのないものなど、初めての環境に子どもたちを連れて行かなければならないと思っている方もいらっしゃるかもしれません。もちろん、多様な経験は子どもの成長を支えます。しかし、身近な環境、とくに自然環境は、同じ場所であっても毎日変化が見られます。時間帯や季節によっても、出会う生き物は変わりますし、空の色合いや雲の形など、自然界のさまざまな変化にも遭遇します。その大小さまざまな変化に気づいていくことこそ、子どもの感性の育ちにつながるものです。

（2）五感をつかって楽しもう

　アメリカの生物学者であるレイチェル・カーソン（Rachel Carson）は、著書『センス・オブ・ワンダー』の中で「知ることは、感じることの半分も重要ではない」という言葉を残しています。子どもたちが自然の中で出会うさまざまな存在に対して、「センス・オブ・ワンダー（神秘さや不思議さに目を見はる感性）」をはたらかせていること、さらにそばで共感してくれる大人の存在があることが、なによりも重要であると言われています。さまざまな生き物の名前や特性を知ることもおもしろいことですが、知識よりも前に豊かな実体験を重ねることが、乳幼児期の子どもにとってはかけがえのない大切な時間になります。子どもと自然との関わりを考えるとき、この「センス・オブ・ワンダー」をとくに意識したいものです。

（3）ゆったりとした時間をつくろう

　お散歩は特別な目的地やゴールを決めずに、ゆっくりと楽しんでもらえたらと思います。どこかへたどり着くことが目的なのではなく、いま目の前に広がる世界を子どもたちと一緒に味わうことに意識を向けてみてください。たとえば、橋の上からじっと川面を見ていると、さまざまな魚が泳いでいることに気づくでしょう。さらに、水の波紋をよく見てみると、小さな魚が水面に出てきて、キラッとその体を光らせます。水が透き通っていて、川底が見えるようなときには、魚だけでなくのんびり泳ぐ亀の姿を見つけることもあるでしょう。水辺には、いろいろな種類の鳥たちもやってきます。いまこの目の前に広がる世界の豊かさに気づくことは、子どもたちにとってかけがえのない幸せな時間となるのではないでしょうか。

（4）身近な草花を知ろう

　大人のみなさんにとっては、見慣れた環境に対してはなかなか好奇心を持つことが難しいときもあるでしょう。そこで身近な植物、そのなかでも雑草について描いた絵本を2冊紹介します。

　雑草と呼ばれる植物にも、実はいろいろなドラマがあります。甲斐信枝の『ざっそう』という絵本には、そんな雑草たちの一年の姿がいきいきと描かれています。また、同じ著者が書いた『雑草の暮らし』には、5年間にわたって空き地に広がる雑草たちのたくましい姿が描かれています。一見、地味でうとまれがちな雑草の存在が、この絵本の中では、自然の智慧や不思議さに気づかせてくれる存在として浮かび上がってきます。

　普段の見慣れた道にあるなにげない植物に対しても、驚くような特徴や他の生き物との不思議な関係に気づくとき、私たち大人の見る目も変わってくるはずです。

③実践してみよう！

　次に、将来保育者を志望するみなさんが自然のおもしろさや不思議さに心を開くきっかけになるようなワークを2つ紹介します。どちらも、筆者がドイツ留学中に保育者の研修機関であるPädiko主催の「森の指導者養成講座」で実際に体験したワークをもとにしたものです。今回紹介する以下のワークを実践してみることが、みなさんの中に眠る子どもの心を取り戻すきっかけとな

れば幸いです。

〔ワーク1〕人間カメラ

このワークは屋外で実施します。まず、2人一組になり、カメラ役・写真家役を決めます。役は途中で交代しますので、どちらが先にどの役を担当するか決めましょう。

ワークの流れ

①自由に散策

自由にキャンパス内や近くの公園を散策し、自分が撮影したい被写体を決めましょう。被写体はどのようなものでも構いません。きれいに咲いた花、おもしろい形の石ころ、紅葉した落ち葉など、自分の心が動いたものを一つ選びましょう。この段階では、自分が選んだ被写体について、パートナーの人には秘密にしておきましょう。

②写真撮影

ただし写真撮影と言っても、ここでは実際のカメラやスマートフォンなどは使いません。

カメラ役の人は、目を閉じます。写真家役の人は、カメラ役の人と一緒にゆっくりと歩き、自分が写真を撮りたいと思った場所に、カメラ役の人を連れていきます。このとき、カメラ役の人は目を閉じていますので、写真家役の人はカメラ役の人の手を取り、肩を支えるなどして、やさしく誘導してください。なお、視覚からの情報がない状態で歩くことに慣れていない場合は危険も伴いますので、活動範囲を限定するなど十分に注意をして行ってください。自分の撮影したい被写体に近づいたところで、写真家役の人はカメラ役の人の肩をカメラのシャッターに見立てて、ポンと軽くたたきます。カメラ役の人は、肩をたたかれたら目をパチッと開けます。

③役割交代

カメラ役と写真家役を交代して、②の写真撮影を行ってみましょう。

④ふりかえり

自分や友達が撮った写真（選んだ被写体）について、その被写体を選んだ理由や、それぞれの役になって気づいたことなどを話し合ってみましょう。

カメラ役になった人は、目を閉じて歩くこと自体に不安や心配な思いを抱いた方もいるでしょう。また、どんなところに行くのか、なにが目の前に現れるのかドキドキ・わくわくする気持ちを持った人もいるかもしれません。それから、目を閉じているため風の心地よさや足の裏の感覚に敏感になったり、鳥のさえずりが聞こえてきたり、普段意識していない五感が研ぎ澄まされるのを感じた人もいるかもしれません。

普段見慣れた環境であっても、少し工夫をするだけで新鮮な気持ちで自然と出会えることを、このワーク体験を通して知っていただけたのではないでしょうか。子どもは、好奇心が旺盛で、身近な環境に対しても大人が気づかないような些細な変化に気づくことも多いものです。大人にとって

は見慣れた園庭や公園であっても、子どもにとっては不思議や発見がつまった魅力ある環境なのです。

〔ワーク2〕どの木かな

　このワークは屋外で実施します。まず、2人一組（Aさん・Bさん）になります。はじめは、Aさんが選んだ木をBさんが当てます。次に、Bさんが選んだ木をAさんが当てます。

ワークの流れ

①自由に散策

　自由にキャンパス内や近くの公園を散策し、一つ木を選びましょう。どんな木でも構いません。はじめは太くて大きい木、ごつごつした木肌のもの、よい香りの花が咲いている木など特徴的な木を選んでみるとよいでしょう。この段階では、自分が選んだ木については、パートナーの人には秘密にしておきます。

②木と対面

　Bさんには目を閉じてもらいその場でぐるぐると5回程度まわってもらいます。Bさんはその後、Aさんに腕や肩などを支えてもらいながら、先ほどAさんが選んだ木の前に連れて来てもらいます。Bさんは、目は閉じたままで、視覚以外の五感を使って目の前の木を観察します。幹や葉の手触り、枝の付き方、幹の太さ、根っこの張り方など直接手で触ったり、幹に腕を回したりしながら、木の特徴を注意深く捉えてみてください。また、天気の良い日であれば、目を閉じていても日影か日向か光の強さを感じることができるでしょう。他にも香りなどにも意識を向けてみてもよいでしょう。

③どの木か当てよう

　Bさんが納得いくまで木を視覚以外の五感で観察し終わったところで、Aさんはもとの場所にBさんを連れて戻ります。このときも、まだBさんは目を閉じたまま移動しますので、Aさんは歩くスピードや足元に気をつけながらBさんをやさしく誘導してあげましょう。

　はじめの場所に戻ってきたところで、AさんはBさんに目を開けるよう伝えてください。Bさんは、目を開けて、いろいろな木に触れて枝の付き方や幹の太さなど、先ほど五感を通して観察した木の様子を思い出しながら、Aさんの選んだ木を探し当てて下さい。

④役割交代

　役割を交代して、今度はAさんがBさんの選んだ木を当ててみましょう。

⑤ふりかえり

　ワークを通して気づいたことや考えたことを共有してみましょう。

　このワークを通して、普段どれだけ視覚に頼って生活しているか改めて感じる人も多いでしょう。また、しばらく目を閉じていると、それまでは意識していなかった音が聞こえてきたり、指先や足

先に今まで感じたことのない感触を覚えて驚いたり、視覚以外の五感がぐっと研ぎ澄まされる体験をする人もいるでしょう。

　自然体験というと、山や川があり緑豊かな環境でないと活動できないと考える人もいるかもしれません。しかし、今回紹介したワークでみなさんが感じたように、みなさんの身近な環境には空、太陽、水、風、土、木など自然がすでに存在しています。もちろん、緑豊かな環境での非日常的な自然体験は、子どもたちにとってかけがえのないものとなりますが、身近な自然と日常的に関わることもとても大切な経験です。都市部であっても工夫次第で、自然の不思議や美しさに出会うことができるものです。

【参考文献】
甲斐信枝（1976）『ざっそう』福音館書店
甲斐信枝（1985）『雑草のくらし－あき地の五年間－』福音館書店
レイチェル・カーソン著　上遠恵子訳（1996）『センス・オブ・ワンダー』新潮社
国立教育政策研究所教育課程研究センター（2014）『環境教育指導資料【幼稚園・小学校編】』　東洋館出版社
厚生労働省（2017）『保育所保育指針』フレーベル館
文部科学省（2017）『幼稚園教育要領』フレーベル館
永田佳之編著（2019）『気候変動の時代を生きる：持続可能な未来へ導く教育フロンティア』山川出版社
井上美智子・登美丘西こども園著（2020）『持続可能な社会をめざす0歳からの保育：環境教育に取り組む実践研究のあゆみ』
　北大路書房

コラム2 ：里山のすごーいひみつ、おしえます

○「里山」とはどんなところ？

　昔の農村の暮らしを想像してみましょう。昔の農村の人々は、田んぼや畑で米や野菜を育て、川やため池で魚を捕り、山で木の実や燃料となる薪（たきぎ）を集めて暮らしていました。このように昔の農村の暮らしの土地には、田んぼ、川、ため池、山などが含まれています。これらが含まれる、都市でもなく、人が立ち入らない山奥でもない、この中間の場所が「里山」と呼ばれています。

　それでは、「里山」のすごーいひみつを紹介しましょう！

○里山のひみつその①： 森は「緑のダム」

　里山の森はどうして「緑のダム」と呼ばれているのでしょうか？

　里山では昔から良質の木を育てるために、木を伐採し、日光を地面に届けて草が繁るように手入れをしてきました。この森の手入れの方法が、水を溜める役割に大きく関わっています。木々の根元を覆う草は、山に降った雨が地面に染み込む手助けをします。また、木の根っこは成長とともに土の中に無数の小さな隙間を作り、雨水を吸収します。そして土の中に浸み込んだ雨水は、徐々に山の湧水や川へと流れていきます。森が雨を吸収し少しずつ川へ流すこの仕組みが「緑のダム」と呼ばれる理由です。

　里山の暮らしが「緑のダム」である森を守っているため、私たちは有名な湧水や市販されているおいしい水を楽しむことができるんですね。

○里山のひみつその②：里山は生き物の宝庫

　里山を描いたイラストがありますね。イラストを参考に、里山のため池、田んぼ、川や畔、草地などさまざまな場所を想像してみましょう。そこにはどんな生き物が住んでいるか、みなさん知っていますか？

　たとえば、田んぼやため池には、メダカ、カエル、ゲンゴロウ、カメ、ドジョウなどが住んでいます。水の流れがある川にはフナやコイなどの川魚、畔には魚を食べるカワセミやキジと出会えます。畑や草地には、バッタ、トカゲ、ヘビが隠れています。森林にはカブトムシなどの昆虫、他にもウサギ、キツネ、カラス、キツツキなどの動物や鳥がいます。

　環境に応じて多様な生き物が住んでいることがわかりますね。季節によっては、海を超えてやってくる渡り鳥なども里山にやってきます。このように里山は生き物の宝庫です。「里山」に出かけると、たくさんの生き物に出会うことができますよ。

　＊山や川には、無断立ち入りが禁止されている場所があります。事前の立ち入り許可や子どもたちへの安全が確保されているかなど確認が必要です。地域の自然体験ボランティア、自然系博物館の学芸員等と一緒に活動することをお勧めします。また、腫れや痒みを伴う虫や動物への対策として、服装や虫よけなどの留意も忘れないようにしましょう。

第3章
知っておきたい
子どもの遊び場・遊具いろいろ

子どもの遊びを誘う（いざなう）環境構成

　人が、何かに注目したり、はっと気づいたりする心理的な機能を心理学用語で『注意』と呼びます。みなさんが日常的な生活を営む中で、何かに注目したり、気づいたりするときとはどんなときでしょうか。たとえば、今までそこにあった物がなくなったり、そこに無かったものがあったりすると、これまでになかった変化が刺激になって、人の注意が生まれます。注意という機能は幼児期に大きく発達し、その後の学習活動において問題を認識したり、探しだしたりする際に用いられる心理的な機能となります。そのことからも、日々の保育実践の環境において、幼児が注意を生み出す経験ができるように環境構成や援助を積極的に行うことが保育者に求められています。

　幼児期の教育・保育において、幼児がある活動を行うことで得られる教育的効果は、自らが気づいて、その活動を選択することによって保障されることが、近年の脳神経科学の知見によって証明されています。たとえば、同じ泥団子づくりをする活動でも、幼児自身が砂や土の面白さに気づいて泥団子を作るのと、先生から泥団子を作るよう促されて泥団子をつくるのでは、教育的な効果は圧倒的に前者が高いことが研究によって実証されたのです。この知見からも、幼児自らが日常の生活の中で、いろいろな事象に気づく（注意を向ける）ことの重要性が理解することができます。

1 保育室の遊び、おもちゃ
（1）保育室や遊戯室で展開される遊びの環境構成

　保育室で展開される子どもたちの遊びの中で、ごっこ遊びはとても重要な役割を担っています。子どもたちは、お母さんやお姉さんの役になりきってままごと遊びをしたり、いろんな役になりきってお店屋さんごっこをしたりします。そのような遊びの中で、想像する力やコミュニケーション能力、社会性などを身につけます。ここでは、製作遊びがお店屋さんごっこに発展し、最後は保育室や遊戯室で、商店街として組織的に展開された事例を紹介します。

［事例1］さくらすみれ商店街（4歳児）

> 　子どもたちは、廃材や自然物などを使ってこれまでたくさんの製作遊びをしてきた。それが次第にお店屋さんごっこに発展していった。お店屋さんは、「おもちゃ屋さん」「たいやき屋さん」「アイス屋さん」「ケーキ屋さん」「博物館」「銀行屋さん」など様々。これまで遊んできたことを紹介するために、お家の人をお店屋さんごっこに招待することにした。みんなで話し合って、新たに「案内係」の役割も作り、遊戯室でお店の場所を決めた。商店街の名前はクラスにちなんで「さくらすみれ商店街」。当日は、お家の人に自分たちのお店を紹介しながら、楽しんで取り組むことが

できた。自信をつけた子どもたち。一人の幼児が「うめ組さん（3歳児のクラス）も招待したい」という一言がきっかけで今度は3歳児を招待し、さらにお店屋さんごっこを楽しんでいた。

　それぞれが楽しんでいたお店屋さんごっこを遊戯室で一つにまとめることで、お互いのコミュニケーションが生まれ、共通の"商店街"というイメージを持って取り組むようになります。また、異学年齢との関わりのきっかけにもなり、達成感や充実感を味わうことにもつながります。

［事例2］アスレチックコースを作って楽しもう（5歳児）

　今日は雨の日。それでも元気に体を動かして遊びたいという幼児たちが遊戯室に集まった。「巧技台で遊ぼうよ！」という一人の幼児の声で数名が集まった。子どもたちは、ホワイトボードを持ってきて相談を始めた。「ここは一本橋にしようよ」「ここは少し難しくした方がいいんじゃない？」などと話しながら巧技台でアスレチックコースの計画を立てた。その後、みんなで協力しながら巧技台を運び完成させ、自分たちの作ったコースを楽しみながら遊ぶ姿が見られた。

　雨の日でも体を動かして元気に遊びたいと思う幼児は多いはずです。そのようなときに活躍するのが巧技台でした。しかし、ただ保育者が準備をしてあげるのではなく、子どもたちに考えさせながら、取り組む「構成遊び」の要素も取り入れることで、他者との交流が生まれたり、主体的に活動に取り組めたりするようになります。

（2）遊戯室、運動遊び、ダンス、段ボール製作

　子どもたちが通う園の中には、式典や運動遊びに使う広い遊戯室（ホール）があります。跳び箱やマットを用いて運動遊びを展開することで子どもたちの健康な心と体を育むことができます。遊

戯室の広さを生かすことでクラスでは味わえないような様々な遊びを展開することができるのです。事例をもとに考えてみましょう。

～段ボールに絵描き～

おおきな段ボールがあれば、組み合わせたり、色を塗ったりして、お城づくりをすることができます。仲間と協力しながら作っていくうちに、イメージやアイディアが膨らみ、よりダイナミックな製作遊びへと展開します。子どもたちが集中して活動に取り組めるよう、他の遊びの影響を減らすために写真右にあるラティスを用いて、製作する空間を保障しています。

～バスケットボールに挑戦！～

壁に保育者が作成したバスケットゴールに向かって子どもたちが一生懸命シュートしています。足元にはラインがひかれており、遠くに行くほど難しくなります。挑戦したくなるような環境を用意しておくと、諦めずに何度も挑戦する子どもの姿が見られます。得点をつけたり、試合をしてみても面白いですね。

～みんなで踊ろうパプリカ～

遊戯具のステージを使ってダンスをしています。プロジェクターを用いることでよりイメージを膨らませることができます。他にもカラーポリ袋などを用いて衣装を作ったり、ダンスも自分たちで考えるなど、様々な活動に展開することが考えられます。

2 園庭で展開される遊びの環境構成

（1）遊具を生かした環境構成

本園にはジャングルジムや飛行機型のジャングルジム、回転型のジャングルジムなどの固定遊具があります。ここでは、これらの固定遊具を活用して忍者屋敷を作った忍者ごっこの事例を紹介します。

［事例3］忍者屋敷を作ろう（4歳児）

> 子どもたちは、忍者になりきっての忍者ごっこ遊びが盛り上がっていた。「うんていにゆっくり10 ぶら下がる」「鉄棒の間をすり抜けて走る」「築山を駆け上って駆け下りる」などと自分たちで

修行の内容を決めて遊んでいた。ある幼児が「忍者屋敷を作って、修行が終わったら休んだり、そこから修行に出掛けたりしたらおもしろいんじゃない？」と周りのみんなに声を掛け、忍者屋敷作りが始まった。彼らが用意したのはビールケースとブルーシートやレジャーシート、それとＳ字フック。それらを使ってジャングルジムなどの遊具に取りつけ始めた。みんなで協力して完成した忍者屋敷は秘密基地の要素もあるようで、そこが拠点となり、たくさんの子どもたちが集また。隠れて楽しむ様子やそこで楽しく話をする様子も見られ、遊びがより一層盛り上がった。

園庭にある固定遊具は、遊具として遊ぶことでも幼児の運動機能を高めるのに役立つことは言うまでもありません。しかし、幼児のごっこ遊びにも活用することができます。今回の事例の忍者ごっこだけではなく、様々なごっこ遊びの拠点作りとして生かしていけるのではないでしょうか。なお、その際には保育者の安全面での見守りは必要不可欠です。

（２）築山を生かした環境構成

本園には、大きな築山があります。築山からの見晴らしはとても良く、その景色を見たいという理由で築山に上る幼児もいるほどです。ここでは、その築山を生かしたバーベキューごっこの事例を紹介します。

［事例４］山の上バーベキューごっこ（４歳児）

ままごと遊びで料理作りをしていた子どもたち。そこに、昨日の休日、家族でバーベキューをした幼児が「ねえ、みんなでバーベキューごっこしようよ！昨日とっても楽しかったんだ！」と話した。「ぼくもバーベキューしたことあるよ」「僕はテレビで見たことあるよ」などとイメージは様々ではあったが、みんなでバーベキューごっこが始まった。タイヤをかまどに見立てて、そこに網を乗せ、食べる物を園庭に探しに行く様子が見られた。葉っぱの魚や野菜、松ぼっくりの肉などを網にのせて焼いて食べて楽しんだ。そうしたある日、一人の幼児が「築山の上は景色がいいから、そこに上って『山の上バーベキューごっこ』をしようよ！」と一言。この声でみんな、築山の上へ移動した。みんなでいつもとは違う雰囲気で料理作りを楽しんだ。

この遊びの展開の鍵になったのは、築山の見直しでした。築山の上でバーベキューごっこをしたいという思いで子どもたちは移動したものの、始めは上がでこぼこで不安定で、遊びもなかなか安定しませんでした。そこで、保育者同士で話し合い、築山の上を整備して平らにしました。すると子どもたちの遊びも安定してこの遊びはとても長く続きました。幼児の思いに合わせて保育者が環

境を再構成するということもとても大切です。

3 テラス、廊下、階段、図書スペース

（1）テラスを生かした環境構成

本園には、保育室と園庭の間にテラスがあります。ここは室内と屋外をつなぐ空間です。このテラスを使った遊びについて事例を挙げながら考えていきましょう。

[事例5] 自然物を使った製作遊び（4歳児）

秋には、園庭にある松ぼっくりやどんぐりを使って製作遊びができる環境をテラスに構成した。子どもたちは思い思いにケーキ作りをしていた。そこで、ちょうど良い大きさの松ぼっくりがなかったときには、「松ぼっくり探してくる」と言って、園庭に走って行っては見つけて戻り、製作を続けるといった様子が見られた。また、この遊びはケーキ屋さんごっこに発展した。テラスにお店を開くことで、園庭にいたたくさんの子どもたちがケーキを買いに来てくれた。

テラスは様々な活用の仕方が考えられるでしょう。今回の事例のように「製作遊びで足りない物をすぐに集めてくる」というほかにも、その逆で「製作遊びで作ったものを、すぐに遊びにつなげる」という環境もあるでしょう。今回のように「テラスにお店屋さんを出す」ことで、園庭にいる子どもたちはみんなお客さんになってくれます。半分屋外で半分室内の言わば、園庭と保育室をつなぐ空間は、どちらの遊びも感じることのできる貴重な場所です。いろんな想像をしながら環境を構成していくことが大切です。

（2）廊下

　廊下の配置は園によって形状や用途が変わります。子どもたちが作った作品を飾ったり、子どもたちの様子を伝えるドキュメンテーションを掲示したりする園もあれば、生き物を飼育して子どもたちが見られるように準備している園もあると思います。さて、ここでは廊下を子どもたちが遊ぶ拠点としてとらえてみましょう。

　下記の園の廊下は他園と比べてとても長い作りになっています。この長さを利用することでどんな遊びが生まれるでしょうか？

～どのくらいとんだかな？～

　左の写真では割りばしでっぽうで飛ばしたゴムが、どれだけ飛んだか、メジャーを用いて計っています。新記録が出るよう何度も挑戦したり、どれだけ遠くに飛ばせるか友達と対決をする姿が見られるようになりました。

　廊下の長さを活かして、紙飛行機やボウリング、ドミノなどの活動を展開することができました。このように保育者の工夫次第で園独自の環境を生かすことができます。

〔ワーク1〕皆さんが子どもの頃に（もしくは実習で）通った保育所・幼稚園・こども園にある廊下ではどのような遊びを展開することができるでしょうか？その園独自の廊下の特性を生かして考えてみましょう。

コラム3：大学周辺を探検しよう　−子どもの身近な自然を知る−

「環境を通した保育」という言葉がありますが、子どもも大人も、物的なものであれ人的なものであれ、触れている環境からの影響を受けているものです。皆さんが一日の大半を過ごしている大学等の周辺にも、ただ家と学校を往復しているだけだと気付かないことがあったりします。

活動で散歩に出かける時に、子どもはどのような発見をし、どのような行動を取るでしょうか。そしてその時、皆さんは子どもとどのような関わりを持つのでしょうか。学外に視点を向けて探検してみましょう。

大学の周辺を散歩してみるとそこには集合住宅が立ち並び、間には広場や公園が複数あります。その中の一つの広場を散策してみると、自然な黄緑色の草が豊かに生え繁っています。よく見ると、中にはシロツメクサの花も咲いています。そこで「お花が咲いてる」といった子どもの発話があり、「ほんとだね。何色かな」「白い」「白いね。なんていう名前だろうね」などといった会話が自然に生まれます。また、草花をよく観察してみると、付近に昆虫を発見するでしょう。子どもは虫に対しても大きな関心を持っています。子どもが「ダンゴムシがいた」と発見した時、保育者が「ダンゴムシの体って不思議だね。どうして丸くなるんだろう」「アリは自分の体より大きなものを運べるね。人間にできるかな」「毛虫の毛は危ないから近づかないよ」など、子どもの探究心を掻き立てるような関わり方をすることで動機付けられ、さまざまな生き物について自分から調べるようになるのではないかと思います。

他にも、広場を見回してみると起伏に富んでいたり、少し歩いていくとさまざまな遊具があります。なだらかな坂を駆け下りたり駆け上がったりすることで楽しく運動をすることができたり、ボールを転がしてみたりダンボールに乗って滑り降りたりといった、環境を利用した遊びをすることもできます。広場を散策することで、このように多くの発見や遊びができます。また、自然は季節によって姿を変えるので、定期的に訪れることで変化に気付くことができるとともに、「お花咲いてるかな」など子どもが自然を意識することができるでしょう。

そして、公共の場には人がいます。保育者の他人への振る舞い方が子どもに影響を与えることを忘れずに、気持ちよく挨拶をするなどモラルのある行動を心がけたいですね。

写真1：花を見つけたよ

写真2：起伏に富んだ広場

　以上で考えたことはほんの一例ですが、子どもに周囲の環境とどのように関わってほしいと願うかということが、子どもに伝えるべきことではないかと思います。落ちているドングリを見つけた時にも、子どもの発達や個性を踏まえてドングリの種類を調べたりコマ作りをしたりと、いろいろなことが考えられます。そのため、周囲の環境に対して造詣を深めておくとともに、保育者となるあなた方一人ひとりが「子どもにかかわる重要な人的環境」として、子どもが不思議に思ったことや気付いたことに対してどのような知識を持ち、関わっていくのか。それらが結果として、世界に対する子どもの好奇心を刺激し、学びに対する意欲を培う結果につながるものであってほしいと願います。「なぜ」「何を」「どのように」保育者として行うのか、という根拠を明確に持った関わりをしていきたいですね。

第4章
子どもの成長と保育環境
（3歳未満児と主体性）

　3歳未満児の3年間は、心と体が大きく育ち、また、ものや人
との関わりや会話を可能とする言葉の発達など、その後の人間の成長に必要な力を養う大切な時期
といえます。本章では、3歳未満児の保育について確認した上で、遊びの場面を取り上げ、3歳未
満児の主体性が育つ環境に注目していきたいと思います。

１ ３歳未満児の保育と主体性の育ち

　2019（平成27）年施行の『保育所保育指針』では、その保育の内容について3歳以上児の保育
の5領域とは別に、0歳の乳児保育の3つの視点、1歳以上3歳未満児の保育の5領域をそれぞれ
明記しました。それにより、3歳未満児の保育が、単なる世話ではなく養護と教育を一体化させて
展開する保育としてのあり方が再確認されたといえるでしょう。また、非認知能力の育ちには低年
齢期の愛情豊かで応答的かつ受容的な関わりが欠かせないともいわれるようになり、3歳未満児の
質の高い保育が求められているのです。

　それでは、保育内容の環境の領域に関連する事項は『保育所保育指針』（2019）のなかでどのよ
うに示されているのでしょうか。0歳の乳児保育については、3つの視点の1つである精神的発達
に関する視点「身近なものと関わり感性が育つ」が挙げられ、「身近な環境に興味や好奇心をもっ
て関わり、感じたこと考えたことを表現する力の基盤を培う」と説明されています。そして、1歳
以上3歳未満児の領域「環境」については、「周囲の様々な環境に好奇心や探求心をもって関わり、
それらを生活に取り入れていこうとする力を養う」と説明されています。0歳の乳児保育と1歳か
ら3歳未満児の保育のどちらにおいても、「子どもが興味や関心をもって」、もしくは、「好奇心や
探求心をもって」と冒頭に記述され、「やってみたい！できた！」や「これは何だろう？不思議だ
な」、「もっと○○したい！」といったような子どもから主体的に環境と関われるような保育を肝要
と捉えていると理解できます。

　3歳未満児クラスを担当する保育者は、低年齢児であるからこそ、子ども一人ひとりの発達の状
況が大きく異なることと、周囲の環境の影響を大きく受けることを心に留め、子どもが能動的に、
主体的に環境に働きかける姿への理解を深め、その主体性をより育む環境を構成しなくてはならな
いのです。

② 3歳未満児の姿と環境との関わり

（1）経験を積み重ねる大切さ（園生活での姿より）

〔事例1〕散歩中の発見（1歳児・11月）

> 午前のお散歩では、二人ずつ手を繋いだ子どもの一方の手を保育者や実習生が握り、園から公園へとゆっくり歩いていきます。赤信号になり、「信号が青になるまで待とうね」と話しかける実習生の言葉を聞いて立ち止まったマサト君は、横断歩道の向こう側を一生懸命に見ています。「信号変わったよ、行こうね」と言う実習生と一緒に横断歩道を渡ると、マサト君は準備中のお店の前で一瞬立ち止まり、実習生が「ん？何かな」と尋ねると「フーシェン、フーシェン」とお店を見て言いながら実習生の手を引っ張りました。実習生が少しかがんでお店を見てみると、お店の扉には、赤色を含めいくつかの風船の絵が飾られています。実習生は、「そうだね、風船だね、さっき一緒に歌ったよね」と話しかけ、小さな声で「あーかいふうせんルルルー…」と信号が青色に変わるまで口ずさんでいました。

　この事例は、大学生がこども園（当時保育所）の1歳児クラスでフィールド学修として約20分間のお楽しみ会を実施し、その後、トイレを済ませてからお散歩へ出かけた場面を取り上げています。お楽しみ会の約1か月前には、学生が事前に保育を参観し、その様子をふまえて子どもが楽しめそうな歌遊びやダンスを考え、本番で実演をしました。その歌遊びに含まれていたのが、『ふうせん』（作詞湯浅とんぼ　作曲中川ひろたか）であり、学生は、あらかじめ作製しておいた表面が赤い風船で裏面が赤とんぼなどのペープサートを子どもに見せながら歌っていきました。散歩中にマサト君が発見した風船は、事前に歌遊びを楽しんだからこそ、そして、その経験を覚えていたからこその姿とも捉えられます。また、学生の側から考えてみると、散歩でのマサト君の様子に気づいたことによって、経験がどのように繋がっていくのかを実感する機会となりました。さらに、あらためて計画的な環境とその環境に自ら関わっていく子どもの姿を日々捉え、共感し応答していくことの重要さも確認できたと考えられます。経験を積み重ねる際、その経験が子どもにふさわしい環境のもとに展開され、子どもが意欲的に関われる経験を重ねることがその後の主体性の育ちにも繋がっていくのです。

（2）「やってみたい！できた！」を体験する（家庭生活での姿より）

〔事例2〕はじめての手作りおもちゃ（9か月）

> フェルト製のお気に入りのアンパン型をしたキャラクターの顔がたくさん縫い付けられているティッシュケースを見つけたコウタ君は、そのティッシュケースのところまで這っていくと、そのそばに座り、ティッシュケースのなかにティッシュの代わりに入っている布を引っ張り出そうとしました。しかし、いつものティッシュよりもすぐに取り出せないため、不思議そうな顔をしています。観察者がその布を少しだけ引っ張り出すとコウタ君は自分で布を取り出せました。観察者もコウタ君が布を引き出すたびに、「やったー、とれたね」と話しかけます。毎回違った柄が出てくるためか、または、思う通りに取り出せるようになったためなのか、一枚ずつ引っ張り出すたびに、観察者を見ながら、布を手にもってお尻を上下に揺らし、「アー」と喜んでいます。

　5枚目の白地にピンクの小花柄の布を引っ張り出した際に、観察者が、「すごーい！コウタ君5枚目も上手に取れたねー！」と声をかけると、布を両手でもってお尻を揺らし、「アーアーアーーー」と言いながらそれまでで一番の笑顔をみせてくれました。

①5枚目を引っ張り出す　　②両手で握りお尻を揺らす　　③笑顔で喜ぶ

　6枚目を引っ張り出す時には、左手に先ほどの小花柄の布を握りしめたまま引っ張り出すことに成功し、笑顔で6枚目の乗り物柄の布をみせてくれました。その後も次々と布を引っ張り出し、ある時は口の中に布をいれて噛みながら布を引っぱり出していきました。

④5枚目をもったまま
　6枚目を引っ張り出す　　⑤成功したことを喜ぶ　　⑥口に布を入れてみる

　0歳児の遊びや生活は12か月の間の心身の成長と共に大きく変化し、興味や関心を向ける対象も広がっていきます。生後9か月のコウタ君は、四つ這いができるようになり、室内を自由に移動することが可能となりました。手指の操作についても、自分から手を伸ばしてものを掴んだり、持ち手を変えたり、両手でそれぞれ違うものを同時にもったりできるようになってきています。そのため、興味や関心があるものには自分からどんどん近づいて手で触ったり、もっているものを口に入れたりする遊びをよく楽しんでいました。また、短時間であれば背もたれがなくても一人で座れるようになったことから、一つの遊びを楽しむ方法も少しずつ変化してきていました。

　以上のような発達の様子がみられはじめた頃のコウタ君は、普段からティッシュケースのティッシュをたくさん取り出して遊んでいました。しかし、口のなかにティッシュが残ってしまうと危険なため、観察者（筆者）がティッシュ型に切った100枚の布とその布を入れるティッシュケースを作製することとなったのです。その結果、事例2で示された①〜⑥の写真のように遊びを楽しむ姿

がみられました。その後は、布を何十枚も引っ張り出し、最後には引っぱり出した布を複数枚手にとってみせるなど、遊びを思う存分に楽しめたようでした。また、フェルトで製作したコウタ君の大好きなキャラクターをティッシュケースの上部と各側面に貼り付けたことも、それを指でなぞったり、剥そうとしたりと興味をもっておもちゃと関わるきっかけとなっていたようでした。このように、子どもの発達と安全面に配慮したおもちゃでの遊びは、幼い子どもの「やってみたい！」という興味や関心を引き出し、さらには、「できた！」という達成感を味わうことに繋がっていくのです。なお、布を引っ張り出す遊びでは、コウタ君の自我や社会性の一面が育っている場面もありました。それは、布を引っ張り出した後に、観察者を見て確認し、観察者が笑顔で褒めてあげると嬉しそうにお尻をゆすり、笑顔を見せていた姿です。これは、信頼している人の表情や言葉からその時の自分の行動に対する意味を読み取り理解していく母親参照や社会的参照の姿と捉えることができます。

　子どもの思いを引き出し、子どもが主体的に関わろうとする手作りおもちゃや遊びを提供する保育者となるためには、「子どもは手作りのおもちゃが好きだろう」という発想だけではなく、「なぜ好きなのか」を考察し、3歳未満児の発達や興味関心への理解を深めることが不可欠といえるのです。

（3）「なぜだろう？」「不思議だな」という機会を大切に（園生活・家庭生活での姿より）
〔事例3〕朝のままごと遊び（1歳児・6月）

　　1階の1歳児前半クラスの保育室では、順次登園してきた子どもたちがゆったりと好きな遊びを楽しんでいます。保育室が2階にある1歳児後半クラスの子どもたちも1階で一緒に遊んでおり、1歳児後半クラスのナナミちゃんもままごとコーナーで、一人で遊んでいました。

　　お皿にのせる食べ物をどれにしようかとカゴのなかを覗き込んでは、エクレアやスパゲティなどの食べ物を一つずつ確認しています。その後、自分の目の前にあるコーナー仕切りにはめ込まれた鏡に気づき、鏡に映った自分の顔をまじまじと見ては、自分の顔のパーツの部分を触るかのように、右手の平や指先で鏡を押さえていきました。しばらくすると、カゴのなかの丸いスパゲティを一つ取り出し、鏡に押し付けはじめます。鏡とスパゲティがくっついている部分に顔を近づけてのぞき込んだり、右手で押し付けたまま鏡の上を移動させたり、少しずつ食べ物を鏡から離していき、その時の鏡に映る様子を不思議そうに確認したりしているようです。そのナナミちゃんの様子を見ていたハツミちゃんも鏡に近づいてきて、手に持っていた丸いケーキを鏡に押し付けてみますが、すぐに他の遊びに移動していきました。ナナミちゃんは、その後も形の異なるエクレアやサンドウィッチなどを次々に鏡に押し当て楽しんでいました。

　ナナミちゃんの園では、1歳児クラスのみの別棟の園舎があり、1歳児のうち月齢の低い子どもを1歳児前半クラス（1階保育室）、月齢の高い子どもを1歳児後半クラス（2階保育室）で保育しています。同じ1歳児であっても発達の差が大きいため、常備してあるおもちゃなどの室内環境も1歳児前半クラスと1歳児後半クラスとで異なっています。

　たとえば、今回ナナミちゃんが遊びに用いているスパゲティやエクレアなどの完成した料理のおもちゃは1歳児前半クラスにしか用意されていません。なぜなら、1歳児前半では、まだまだ何かにものを見立てていくという認識が育ちにくく、子どもが見てすぐに食べ物とわかるおもちゃを用意することで、遊びの世界に入っていきやすい環境がつくられているのです。また、1歳児後半クラスでは、多くの子どもが2歳を迎えていることから、イメージを共有する語彙の数も300を超えていき、また、認識も育ち見立てる遊びが可能となっていると考えられます。そのため、1歳児後半クラスのままごとコーナーには、プラスチック製の様々な大きさの繋がったチェーンや、5cm程度に切られたホースなど様々な素材が用意されているのです。

　今回の事例では、1歳児後半クラスのナナミちゃんが1歳児前半クラスのままごとコーナーで遊んでいる場面を取り上げました。前述した発達を想定した遊び方ではなく、ものの性質の不思議さに気づき、子どもから見えているものと見えないものを比較しようとしている姿があったといえます。0歳児クラスから在園しているナナミちゃんは、これまでに家庭と園などの生活の場で様々な経験をしているため、鏡に映る自分自身などには以前から気づいていたと考えられます。事例を観察した6月頃には、自己認知力が育ってきていることによって、物がどのように映るのかといったことに興味をもち、「なぜだろう」、「不思議だな」と自分なりに考えはじめるまでに成長してきたことが実感できます。

　子どもの育ちに合わせて周囲の環境を整えていくことは保育者の役割として必須といえます。しかしながら、この事例のように子どもが自分のクラス以外の環境に関わっている姿から、その子どもなりに環境にどのように働きかけているのかを察していくことによって、それまでとは異なる視点で子どもの主体性が育つ環境を捉え直す機会となるのです。

〔事例4〕お家で恐竜の卵を育てよう（2歳児・12月）

> 　ある日、コウタ君は恐竜の卵をもらいました。その卵は水につけると数日で卵が孵化し、なかから恐竜の赤ちゃんが生まれて、その後も水に入れておくと恐竜が少しずつ大きくなるというおもちゃでした。恐竜が出てくると聞いて怖がっていたコウタ君は、赤ちゃん恐竜が出てくるコウタ君のだけの卵であることを観察者から聞くと、「きょうりゅうのあかちゃんがでてくるの？コウくんのたまご？」と笑顔で聞き返してきます。「卵をどれに入れようか？」と観察者が尋ねると、2リットルの空のペットボトルをコウタ君が持ってきて、観察者がそれをハサミで半分に切ることで容器が完成しました。容器に卵をそっと入れたコウタ君は、小さな声で「おみずいれるの」と350mlのペットボトルに入ったお水を容器にゆっくりゆっくり入れていきます。その容器をいつも自分が使っているお気に入りの椅子に乗せ、「きょうりゅうさん、でておいで」と何度も卵に話しかけています。そして、ご飯を食べる時も他の遊びをしている時にも、何度も何度も卵の様子を確認しながら1日を終えました。2日目になると卵にひびが入り、コウタ君は、「きょうりゅうさんでてくるの？」、と改めて観察者に質問を

してきます。「そうだよ、かわいい恐竜さんが出てくる卵なんだよ」と観察者が伝えると、笑顔になり一日中卵に向かって、「でておいでよ」、「きょうりゅうさんでておいで」と話しかけています。その日の夜、とうとう卵が割れて黄色の恐竜が見えるようになると、コウタ君は本当に恐竜が出てきたことに驚きながらも、「きいろいきょうりゅうさんこんにちはーー！」と話しかけ、「かわいーねー」と言いながら卵から恐竜を取り出しました。「名前は何にしようか」と観察者が問いかけると、しばらくの間、「ウーーー」と言いながら黄色の恐竜を見つめ、「きょうりゅうはかせ」と命名し、「きょうりゅうはかせこんにちはーーー！」と元気いっぱい呼びかけています。3日目の朝になると、恐竜が大きくなっていたため、「おおきいのね」とコウタ君は台所にあった丼茶碗を見つけ恐竜博士の引っ越しを無事に完了させました。

①切ったペットボトルに水を注ぐ

②椅子に容器を乗せようと両手でもつ

③卵の空が割れはじめる

④大きな丼茶碗に引っ越しする

　この事例では、少し恐怖心を感じながらも卵から恐竜を孵化させる不思議さや面白しろさ、期待感、喜びなどを味わっている2歳児の姿がみられました。恐竜という言葉を怖がり、恐竜の赤ちゃんと知ると安心する姿から、言葉の発達と共にものの認知が発達していることを示します。そして、「コウタ君の」という言葉に反応している姿からは所有意識が芽生え、自分のものだという安心感から卵への愛着を深めていることも伝わってきました。また、2歳児になると、遊びのなかで以前見た絵本などの出来事と遊びをつなげて展開していくようにもなっていきます。「きょうりゅうさんでておいでよ」という言葉は、コウタ君が大好きな絵本『たまごの赤ちゃん』（文神沢利子・絵柳生弦一郎 福音館書店 1993）のセリフです。絵本の世界と自分の世界を結びつけて自ら遊びを広げようとしているのです。さらに、卵の入った容器にお水を注ぐ際には、そっと卵を入れてゆっくりゆっくり水を注ぎ、小さな声で卵に話しかけていました。これらは、小さなものを大切にしようと

コウタ君なりの心配りをしている姿といえます。その他にも恐竜が大きくなると予測をし、自ら大きな丼茶碗をもってきたことから、大小といった認識を獲得してきたことも分かります。なお、この卵の遊びは筆者がオーストラリアのゴールドコーストにある保育施設を訪れた際に、実際に2歳児クラスで行われていた遊びをヒントとしています。そのクラスでは、20cm程度の恐竜の卵3個を水槽の中に入れ、子どもたちと保育者で育てることを楽しんでおり、日々の卵の変化を写真と文章で記録した用紙も水槽の横に用意されていました。筆者が水槽のそばに近づくと3人の子どもが集まってきて自分たちの卵と恐竜について一生懸命に教えてくれようとしました。コウタ君やオーストラリアの2歳児の姿は、身近な生き物に気づいたり親しみを持ったりすることのきっかけだけでなく、ものの変化を不思議と感じ積極的に関わっていける遊び、また、世話をしたいと主体的に関わるきっかけとなる遊びを提供していくことの重要さを教えてくれるものといえるでしょう。

（4）「もっと遊びたい！」気持ちが膨らむよう支える　〜グループワーク〜

　1歳児クラスのままごと遊びの事例写真を見て、子どもが遊びの何に関心を持ち、また遊びがなぜ停滞し、それによって保育者がどう環境を工夫したのかを考察しましょう。

〔事例5〕ままごと遊びI　電子レンジ（1歳児）

①子どもたちが楽しんでいたことは？
②子どもの遊びが停滞した理由は？
③保育者の工夫点は？

＊事例5ポイント＊　具体的なセリフや状況を考えて、事例文を作成してみよう！

＊事例6ポイント＊　保育者の工夫によって生じた遊びが今後どのように展開されていくのかいくつかの展開例を考えてみよう！

〔事例6〕ままごと遊びII　IHコンロで炒めもの料理

①子どもの遊びが停滞していた理由は？　　③保育者の工夫から生じた遊びの様子は？
②保育者の工夫点は？

③本章のまとめ

　保育者は常に、「子どものために」という思いを抱いて保育に携わっていきます。しかし、その思いだけでは、一人ひとりの子どもを支えることは不可能であり、発達とその時その時の子どもの興味や関心の方向性を捉え、主体的に子ども自身が関われるように配慮をしていかなくてはなりません。さらに、3歳未満児は低年齢であることから、保育環境を構成する際に、幼児期よりもより一層丁寧に養護の視点から環境を捉えたうえで、子どもの興味や関心を満たして主体性が育まれる保育環境を整えていくことが求められます。そのことを心にとめ、養護と教育が一体化した保育の実践力を向上させて、子どもの主体性を育てる保育環境づくりに取り組んでいきましょう。

【参考文献】
厚生労働省編（2018）『保育所保育指針』フレーベル館
河原紀子監修著（2018）『0歳～6歳 子どもの発達と保育の本』第2版学研プラス
宮里暁美監修（2018）『0-5歳児子どもの[やりたい！]が発揮される保育環境』学研プラス
【事例1・3・5・6観察協力園】稲葉地こども園（愛知県名古屋市）

コラム 4 ：小規模保育所について知ろう！

　小規模保育所は、6 〜 19 名の 0 〜 2 歳児を預かる地域型保育事業の 1 つです。その形態は保育所の分園に近い形態から 5 名以内の子どもを預かる家庭的保育に近い形態まで大きく異なり、マンションや戸建て住宅において保育が実施されることもあります。

　それでは、小規模保育所では、子どもたちはどのように過ごしているのでしょうか。一日は、登園、遊び、おやつ、主な活動（遊び）、昼食、午睡、おやつ、順次降園、遊びといった生活の流れのなかで水分補給やオムツ替え、トイレ誘導などが適切に行われ、保育所保育や家庭的保育と同様に家庭的で穏やかなリズムを大切にしています。また、マンションや戸建て住宅での保育は子どもの家庭生活を再現し、子どもが家のように落ち着ける設備環境のなかで保育が展開されるともいえます。その良さを活かし、子どもの動線を意識しながら安全な設備配置を確認し、温かな雰囲気を構成することが必要でもあります。

　保育所よりも 1 名多い職員配置数は、幼い子どもを見守る目と手が多いことを示し、一人ひとりの育ちをゆったりと見守る人的環境が構成されているともいえるのです。

　右の写真を見てみましょう。この写真は、小規模保育を実施している保育室くれよんの 0 歳と 1 歳の子どもたちの食事風景です。各テーブルには子ども 3 人が食事をとり、それを 2 人ずつの保育者が見守っています。この食事風景から、まさにゆったりとおだやかな保育の雰囲気を実感することができますね。保育室くれよんの園長先生に小規模保育についてお話をお伺いしたところ、「いろいろな考え方もあると思いますが、小規模保育の定員数がなぜ 19 名なのか、というところを大切にしていきたいと考えます。小さな保育集団であり、保育所

と家庭のちょうど中間のような存在でありたいとも思います。まずは、一人ひとりの子どもが、保育のなかで自分の要求を言えるようにすることが重要であり、その助けになりたいと思います」と、日々大切にしている思いを教えてくださいました。

　小規模保育所の子どもは、3 歳になるとその後の受け皿となる幼稚園、保育所、認定こども園に転園します。小規模保育所ではきめ細やかな乳児保育を実践し、子どもが少しでも安定した状態でその転園の日を迎えられるよう、一人ひとりの子どもに寄り添った保育が実践されているのです。

【参考文献】
厚生労働省『子ども・子育て支援新制度ハンドブック施設・事業者向け』2015 年改定版
【協力園】撮影及びインタビューにご協力をいただきました保育室くれよん（愛知県名古屋市）の伊澤美砂子先生と先生方、園児の皆さんに感謝の意を表します。

第**5**章
子どもの成長と保育環境
（3歳児）

　乳幼児期の教育は「環境」を通して行うものである。ということが、幼稚園教育要領、保育所保育指針、幼保連携型認定こども園教育・保育要領の中で示されています。その環境を構成するうえで重要なことは、具体的なねらいや内容が達成されるように適切なものにしていくことです。また、環境を構成するうえでの留意事項として幼稚園教育要領では、①発達に即していること、②興味や欲求に応じること、③生活の流れに応じていることの3点があげられています。そこで、この章では、特に『3歳児の子どもの姿』に着目して、「発達の特徴」からみてどのような環境があるとよいか、「環境構成」するときの留意点、環境と子どもの「関わり方」について紹介をしていきます。そして、3歳児ならではの環境の在り方や、環境との関わり方についての理解を深め、『3歳児』にとっての適切な保育環境を構成できる力を身につけていきます。

1 3歳児の発達の特徴と環境

①　手指の技巧性が高まる

　2歳から3歳くらいになると、手先の機能が著しく発達し、自分でできることが増えていきます。基本的生活習慣では、服の着替え、スプーンやフォークなどの扱いがうまくなり、それらを「やってみよう」という意欲がでてきます。遊びでは、積み木、パズル、ブロックなどの小さいものをうまく扱えるようになります。このような特徴を踏まえ、保育室には、手先を使って構成したり、操作したりするような遊具を用意しておくとよいでしょう。

②　行動範囲が広がり、「なぜ？」、「どうして？」好奇心・探求心が強くなる

　基本的な運動機能が伸び、自由に行動が出来るようになります。子どもたちは、動きを楽しみながら、人や物との関わりを広げ、行動範囲も広がっていきます。また、手指の技巧性が向上してきているので物の操作性も向上しています。子どもたちは、自由に扱えるようになった身体を使って、世界を広げていき、そこでと出会った虫や物を見てふれて、好奇心をもちいろいろ試し始めます。たとえば、排水溝の金網を見つけると、小さい石を拾ってきて、金網の穴に落とし始めます。何度も繰り返すなかで金網に入らない石があることや、石によって落とした後の音が違うことに気がついたり、水の波紋が出来るのを見て楽しんだりしています。この時期はこのように、ものの性質や特徴についても知りたいという知的好奇心が活発になってきています。子どもの知的好奇心が満たせるように、何度も繰り返し試せる機会と十分な時間が確保できるように配慮しましょう。また、保護者から毎日同じことを繰り返していて発展性がないと心配の声が聞かれることがありますが、何度も何度も返すこと、再現することを楽しんでいたりします。また、大人には同じことのように

見えても子どもにとっては同じではないこともあります。子どもが感じている楽しさや満足感を代弁していけるとよいですね。そして、時に子どもの探求心は、大人にとって困るようなこと、いたずらに見えるようなこともあるでしょう。しかし、頭ごなしに「ダメ」というのではなく、子どもたちの好奇心・探求心を認めつつ、保育者の思いを繰り返し伝えていく必要があるでしょう。

③　象徴機能が発達し、「見立て遊び」、「なりきり遊び」をするようになる

　象徴機能が発達し、遊具などを実物に見立てることができるようになります。今まで、積み木は積み木としてしか見ることができなかったのですが、積み木を、電車や家のように他のものに見立てることができるようになります。見立て遊びが始まるとクラス全体に広がっていくこともあります。使いたいものが足りなくならないよう、十分な数を用意するなど環境に配慮する必要があります。

　またこの時期は他の人に憧れを持つようになり「・・・のつもり」「・・・のふり」を楽しむ、なりきり遊びをするようになります。メディアを通して、ヒーローやヒロインに憧れて、服装や仕草等も真似して自分がそのヒーローやヒロインになりきりったり、パティシエ、モデル、医者など、自分の憧れの人になりきるために、その人の服装や小物を取り入れたりします。そこで、環境として、ヒーローや憧れの人になれるように、服装や小物を用意しておく必要があります。

④　イメージを膨らませて、「ごっこ遊び」、「劇あそび」を楽しむようになる

　大人のやっていることや自分が体験したことをごっこ遊びに取り入れるようになっていきます。自分がお母さん役になって料理を作ったり、洗濯をしたりしてごっこ遊びを展開したり、クレープを買った経験から、クレープ屋さんごっこに発展したりします。

　ごっこ遊びの中では、言葉を交わすことの楽しさや、イメージを伝える面白さ楽しさを味わうようになり、友達との関わりも増えていきます。まだ場を共有するだけで、それぞれひとりで遊んでいる平行遊びの段階ですが、場を共有することで、他の子どもの遊びを真似してみたり、遊具を通して関わりが出てきたりします。

　また、短いストーリーが分かるようになり、絵本の登場人物に自分を重ねたり、想像を膨らませたりするようになり、絵本の世界から劇あそびをするようになります。

　まだ、話し合って決めることや、遊具を交代で使用することは難しく、取り合わなくてもすむ数、個数が欲しくなるのが当然の時期です。許す範囲で個数を準備することと、数に対しての興味も出てくるころなので、少しずつ、友達と分けあう、順番といった決まりを守るということも伝え、覚えられるようにしていくことが大切でしょう。

〔ワーク1〕実習やボランティアなどの参加したときにあった保育室の玩具や環境を思い出してどれに当てはまるか分類してみましょう。

①手指の技巧性が高まる玩具・環境
②好奇心・探求心を刺激する玩具・環境
③見立て・なりきり遊びをするための玩具・環境
④ごっこ遊び・劇あそびを楽しむための玩具・環境

②保育室の環境構成をするうえでの留意点

① 安心、くつろげる空間

　新入園で3歳児から初めて通ってくる子どもにとっては、初めての集団生活であり、保護者から離れて長時間過ごすのも初めてとなりますので、緊張や不安が大きいものです。2歳児クラスから3歳児クラスへ進級してくる子どもたちにとっても、新しい仲間、新しい先生、新しい保育室と、新しい環境に戸惑いや不安はつきまといます。保育者の配置や2歳児クラスと3歳児クラスで連続性をもたせるなどの配慮も必要ですが、保育室を構成するうえでは、まず子どもたちが安心してくつろげる空間となることを意識して構成していくとよいでしょう。花や季節の飾りを取り入れたりして温かみのある生活空間となるよう工夫を凝らしましょう。集団生活に慣れていないときは、一人でゆっくり過ごせる静かな場所を用意すると、ほっとくつろげるのでよいでしょう。子どもたちにとって情緒の安定、安心があって、はじめて、自発的に環境に関わりをもち、積極的に遊びに活動に取り組めるのです。それぞれの子どもが園に自分のお気に入りの居場所があると園生活が安心しておくれますね。

② 生活しやすい、わかりやすい

　特に園生活に慣れるまでは、子どもたちが生活しやすい動線や、どこに何をおくか、今日1日何をするかがわかりやすいように、園生活に必要なルールをイラストや写真で示すとよいでしょう。また、自分のマークを用意して持ち物の置き場所を示したり、イスや机に貼ってどこに座ればよいかが伝わるようにしたりします。当番や、バスコース、グループなどの表を作って貼っておくこともわかりやすくなる一つです。さらに、片付けしやすいように、しまう場所に写真を貼っておくと、子どもたちも片付けやすくなるので取り入れてみると良いでしょう。

③ 遊びがみつけやすい、参加しやすい

　園の玩具に慣れてない間は、遊び場だけを用意するのではなく、片付いた状態より、少し遊びかけにしておりたり、何かを作りかけでおいておくと、遊びやすくなります。また、友達がしている遊びを見て、自分もやりたいと思い、遊びに参加することもあります。自分で遊びたいと思った時に、すぐに出して遊べることも大事ですので、何がどこにあるか写真などを貼ってわかりやすくしておきましょう。場所がわからず、探しているうちに、違う遊びに関心がいってしまうこともあり

ますので留意しましょう。日によって、その場で遊ぶ子どもの人数が変化しますし、クラスで急に遊びが広がることもあります。パーテイションなどを利用して子どもたちの遊ぶ人数によって各スペースの大きさを変えられるようにできるといいでしょう。

3 環境との関わり方

〔事例1〕 ダンゴムシを集める（3歳児）

園外に散歩に行った時に、アヤ先生がダンゴムシを見つけタクヤくんに渡したときから、タクヤくんは、ダンゴムシに関心を持つようになりました。園庭でもアヤ先生の後をついて回り、「ダンゴムシ」「ダンゴムシ」とダンゴムシを催促します。アヤ先生は園庭の花壇にある石をひっくり返し、1匹ダンゴムシを見つけてタクヤくんに渡しました。タクヤくんは、その様子を見ていて、同じように石を一生懸命ひっくり返してみました。そこには複数のダンゴムシがいました。タクヤくんは、砂場のバケツを持ってきて

ダンゴムシを捕まえてはバケツに入れ、いなくなると、また別の石をひっくり返してダンゴムシを探しました。片付けの時間になり、タクヤくんは集めたダンゴムシをバケツに入れたまま、砂場の道具を片付ける場所に片付けました。翌日、タクヤくんは何事もなかったかのように、バケツを持ってきて新しいダンゴムシを探しては集め始めました。

子どもたちは小さい物を見つけることがとても得意で、それを指先で器用に集めていきます。大人が見逃しそうなものもよく見つけてきます。ダンゴムシ集めは毎年必ず見られる光景の一つです。ダンゴムシを見つける⇒バケツに入れて集める⇒そのまま置いておく⇒次の日、動かなくなっている⇒また、ダンゴムシを集めていく。少し残酷に見える行為を子どもたちはしばらく続けることがあります。保育者は「かわいそうだよ。自分たちが帰る時には戻そう」と声をかけ、生き物であること、命の大切さについても、伝えていきますが、3歳児がそのことをしっかり理解できるまでには少し時間がかかります。しかし、だからといって「集めるのをやめなさい」と禁止してしまうことは、子どもたちの好奇心・探求心を閉ざし、多くの経験と学び、子どもたちの思考力の芽生えの機会を奪ってしまうことにもつながるように感じます。保育者は子どもたちの好奇心・探求心と今の段階を理解しつつ、生き物との関わりを伝えていけると良いでしょう。

〔事例2〕ねこじゃらしを集める（3歳児）

> 給食前、園庭で3歳児クラスが外遊びをしているとき、リカちゃんは、なんとなくクラスの友達のやっていることを見たり、先生が他の子と一緒にやっている遊びに近づいてみたりと、園庭をぐるぐる、ふらふらとしていました（保育者からはそのように見えた）。ふと、その時、何を思ったか、園庭の木の下に生い茂っている草むらの中から、ねこじゃらしを1本摘みました。少し考えてから、ねこじゃらしだけを選び、次から次へと摘み始めました。リカちゃんは結局10分近くねこじゃらしだけを摘み、リカちゃんの小さな手がいっぱいになったころ、急に摘むのをやめ、振り返って、保育者のところへ走っていき、たくさんのねこじゃらしを先生に見せたのでした。そして満足したかのように、ねこじゃらしを持ったまま、部屋へ入り、自分のロッカーに大切に置いておきました。

　子どもたちは何かを「集める」ことが大好きです。しかし、3歳児は、集めたもので何かをするということはあまりありません。ただ集めることが楽しいのです。自分のものを集めたい、持っていたいのです。自分のものが欲しくて、そしてその集めたものを保育者に見せて、保育者も自分と同じように感じてほしい、保育者が同じに感じてくれることで嬉しくて満足していきます。好きなだけ摘んだり集めたりした経験は、たくさん、重い等、数量や数がわかるようになる基本ともなっていくでしょう。満足するまで。好きなだけ。集める経験というのはそのような点からも大切なのです。また、そういった経験を経て、集めたものを使って何かをする。例えば、摘んだ花でままごとをする。といった、次の段階へ進んでいきます。

〔事例3〕池にカエルの卵発見（3歳児）

> 　園庭にある池には保育者が意図的に準備した生き物もいますが、自然に増えてきた生き物も数多くいます。その時々でいる生き物が変化します。子どもたちも良く知っていて、今日は何と出会えるかな？と期待をしながら池を眺めにきます。ある日、池のまわりに人だかりが出来ていました。カエルの卵があったそうです。
> 　最初に見つけた年長児たちは「何のカエルの卵なんだろう？」「飼うにはどうしらいいんだろう？」などと疑問を持ち、保育室に戻って図鑑で調べたり、自分の知っていることを友達に話したりしています。年長児たちの様子をみて聞きつけた年中児たちは、保育者に少し池から卵をとってもらい、触ってぬるぬるした感触を味わいました。初めて触る子もいて、驚いた表情をしています。最後に池に到着した、年少児たちはというと、年長児たちや年中児たちの横で、池にいるカエルの卵を見つめています。

　このように「集める」とも近いのですが、3歳の子どもたちは自分たちが興味をもったものに対して何かをするではなく、「見るだけ」、「見ること」そのものを楽しんでいます。新しいものに出会い、その出会いを楽しんでいます。また、春先にチューリップの芽が出てきたことや、亀が冬眠からでてきたことなど、何か新しく変化したものを敏感に感じ取り、目をキラキラさせ、新しい発見に心ワクワクさせて、それを見て楽しんでいます。子どもなりに自然の変化や、不思議さを感じ取り、心を動かせています。そのような経験を積み重ねることで、自然現象や自然の美しさ面白さを感じていけるようになり、身近な環境を自分の生活に取り入れていくようになるのです。

〔事例4〕セミとり（3歳児）

> 　夏の預かり保育の際、セミが鳴いているのを年長のコウタくんが見つけました。コウタくんは、「先生、セミ！！網、網」と虫取りの網を要求しました。（長い棒状の物を自由に使うのは危険なため、虫取りの網は使いたいときに先生に言って出してもらうのがこの園の決まりです）先生はコウタくんと年長児数名に虫取りの網を渡しました。その様子を見ていた年少のケンジくんはすぐさまコウタくんの元へ走っていき、コウタくんの後をついていきます。コウタくんはセミの元に戻り、捕まえようとしますが、もう少しのところで飛びたってしまいました。飛びたっていくセミをコウタくんや他の年長児たちが網を持って追いかけ、その後をケンジくんや他の年少児が必死について回っています。まるで、セミを追いかける年長児たち、年長児たちを追いかける年少児たちといった感じです。セミと子どもたちの追いかけっこはしばらく続きました。

　このように、年長児のやること、年長児のお兄さん、お姉さんの姿に憧れ、年少児たちは自分たちが網を持ってセミを捕まえるわけではないのですが、一緒について回ることで、一緒に遊んでいる気持ちになれたり、一緒に取り組んだ気持ちになれたりするようです。何より憧れの存在は大きな影響力をもっていて、自分も試してみたい。同じようにしたいという気持ちが湧き出てきます。その経験を踏まえ、年少も時には網を持って試してみたり、時にはお兄さんに直接教えてもらったりと、身近な憧れの存在との関わりから、世界を広げていくのです。

　いずれの子どもの姿も、大事なことは、通常の保育の環境の中で育てるということです。子どもの通常の生活の中で多くの経験ができるように環境を整えていくことが大事になっていきます。遠くまで出かけて動物に会いに行くよりも、3歳児には、近くの園庭にいる、身近なアリや、ダンゴムシなどの、今、ここにいて手に届くところのもの、身の回りの生活に、近くの身の回りに好きなものが、豊かにあることが一番なのです。まだ、記憶が曖昧で、遊びも10分くらいでコロコロ変わっていきます。継続的な遊びや発展していくような遊びは難しく、その場、その場を楽しんでいくのです。

　子どもの好きなものを、身近な園に園の生活にたくさん整えていくことが大切なのですが、保育者も子どもの好きなものだから大切にしよう、子どもが好きなものだから、たとえ手間がかかっても飼育して、栽培をしよう。などといった意識で環境を整えていけるとよいのではないでしょうか。

〔ワーク2〕園庭の環境づくりを考えてみよう！

> グループワーク：3歳児の豊かな園生活を支えよう！！〜園庭の環境づくり〜
> 用意するもの：画用紙・マーカー・色鉛筆・のり・ハサミ　等
>
> ①4人〜5人くらいのグループに分かれる。
> ②3歳児の発達の特徴や、環境とのかかわり方を踏まえて、3歳児の園生活がより豊かになるような　園庭の保育環境を考え、何を取り入れていけばよいか話し合いましょう。
> ③話し合ったことを、イラストにして園庭のイメージ図を色鉛筆やマーカーを使って仕上げましょう。
>
>

【参考文献】
柴崎正行編著（2013）『子どもが育つ保育環境づくり』株式会社学研教育みらい
横山洋子監修（2016）『発達にあわせた保育の環境づくりアイデアBOOK』ナツメ社
酒井幸子・守巧編著（2018）『保育内容　環境』萌文書林
厚生労働省（2018）『保育所保育指針解説』フレーベル館
【写真提供】：学校法人日出学園　日出学園幼稚園

コラム5：危険⁉ 様々な経験をさせることの意義を考えよう

　人は経験を通して学んでいきます。挑戦したことがうまくいって他者から認められれば嬉しい気持ちになり自信もつきます。失敗して悔しい思いをしたり、痛い思いをしたりすることもありますが、そのすべてが積み重なり人として成長していきます。

　千葉県木更津市にある社会館保育園では、冬の寒い時期は毎日園庭で焚火をしています。子どもたちは身体を温めるために焚火の周りに集まり、時には焚火でおやつの焼き芋を作ります。まだよちよち歩きの子どもでさえ、保育者に見守られながら焚火の近くで過ごします。時折、焚火の中で木の実が燃えて「パチン！」という音と共に火の粉が飛んでくることがありますが、火の粉がかかって「熱い！」ということを経験すると、むやみやたらに焚火には近づかなくなり、適切な距離をとって焚火のある環境で過ごすようになります。

　この園では、飼っている動物たちのエサやりも子どもたちの仕事です。当番の子ども（写真は年中児2月）が包丁をもって人参やキャベツなどのエサの準備をします。まだ4・5歳の子どもが包丁をもって黙々と野菜を切ります。初めて見た大人はびっくりして止めたくなるかもしれません。しかし、保育者は子どもの様子を静かに見守っています。保育者は子どもに包丁の扱い方（野菜の切り方・持ち運びの際に注意すること）を伝えます。そして自らは子どもの手本となるように野菜を切りながら子どもを信頼して見守ります。野菜を切る子どもの姿はとてもいきいきしています。危ないからといって子どもが慎重に物事と向き合う機会を大人が奪うのではなく、適切な扱い方を示したうえで子どもが取り組む姿勢を尊重しています。

　保護者の中には、子どものケガを過度に心配する方がいるかもしれません。しかし、過度に危険

から子どもを遠ざけて様々な経験をさせないことは、結果的に自分で危険かどうかの判断ができない子どもを育てることになってしまいます。大人から見ると多少危険に見えることであっても、子どもは注意深く慎重に物事に取り組みます。多少のケガをしたとしてもどのくらいやれば危険なのか、どの程度までなら大丈夫なのかを経験しながら自分で判断できるような子どもを育てたいですよね。こちらの園では、保護者や地域の方々の理解を得てこのように焚火や刃物を使用する活動を取り入れた保育を実現することができています。

【事例写真協力園】　木更津社会館保育園（千葉県木更津市）

第6章
子どもの成長と保育環境
（4歳児）

　4歳児クラスは、慣れ親しんだ園生活を通して、多くの子どもが自分なりに
周りの環境と関わる喜びを実感している時期といえます。本章では、4歳児の
育ちを確認した上で、4歳児クラスの園生活のなかのささやかな場面を取り上げ、その時々の子ど
もの姿と環境の関わりに注目していきたいと思います。

① 4歳児の育ち

　4歳児クラスの子どもの育ちは、より一層積極的に周りの環境へ関わっていく姿が増加すること
から実感できます。特に、親しい友だちとの関わりが育つ姿が多々見られるようになってきます。

　発達の面では、運動機能が高まることによって、基本的な動きが一通りできるようになり、指先
をはじめとする細やかな体の動きも可能となってきます。そのため、縄跳び遊びや前回りや逆上が
りなどの鉄棒遊びを楽しむ子どもが増え、また、ちぎり絵づくりや、紙に描いた線に合わせてハサ
ミを用いられるようになってきます。言葉の発達も著しく、4歳から5歳へと育っていくなかで約
1,500語〜2,000語ほど話せるようになっていきます。体力の増加と言葉の著しい発達により、友
だちと遊び込む時間や集中力が長くなったり、友だちとの言葉のやりとりによって遊びへのイメー
ジが共有できるようになったりしていくのです。そして、ジャンケンの意味を次第に理解したり、
簡単なルールのある遊びを楽しんだり、役割の意味を理解することによってごっこ遊びが深まって
いったりと友達との関わりから広がる遊びが展開されていきます。さらに、好奇心や探求心も高
まっていくことから、身の回りの物事や事象といった環境にもより積極的に関わろうとしていく時
期ともいえます。数量・形や文字などへの感覚や、物の性質、地域資源に対して、自分なりに興味
や関心を持っている子どもの姿や、自分のもの、友だちのもの、そしてみんなのものといった意識
や親しみが育つ姿も増加していきます。

　保育者は、子どもの興味や関心の持ち方やその表現方法が一人ひとり異なってくることに目を向
け、子どもの必要感に応じて環境を構成していくことが重要といえるでしょう。

② 4歳児の姿と環境との関わり

（1）環境に関わるなかで遊びを広げる

〔事例1〕ままごと遊び（4歳児・9月）

　エプロンを身につけたサキちゃんは、くるくると回り揺れるエプロンの裾を見て微笑むと、布製の
赤ちゃんを仰向けにして両手で抱き上げています。そして、人形をベッドに寝かせるとそっと布団を

かけて、食器戸棚を覗きに行きました。

　ノゾミちゃんは泡だて器を手に取り、食器棚を開けて赤いボウルを取り出しています。しばらくじっとボウルを見つめた後に、食材などの素材が置いてある棚から5cmくらいに切られた青いホースを選び、ボウルにいれて時間をかけて泡だて器で混ぜています。そこへサキちゃんが、「おしょうゆつくろ？」と声がけるとノゾミちゃんが「いいよ！」と目を大きく見開き喜んで賛成しました。サキちゃんが空っぽの調味料容器を2つと緑色の色画用紙を持ってくると、二人で色画用紙を細かくちぎり、調味料の容器のなかに入れていきます。2つの容器が一杯になると、二人は笑顔を見合わせ、サキちゃんがキッチンの調味料置場に醬油容器を置きました。

　そして、「キャンプに行くよー！」というサキちゃんの声かけで、ままごと遊びはキャンプの準備へと変化しようとしていきました。

　サキちゃんに注目してみると、くるりと一回転した際にふんわりと膨らんだエプロンは、サキちゃんにとってお母さん役になりきったり、ままごとのイメージを膨らませたりする子どもならではの雰囲気づくりとなっていたようでした。その後、赤ちゃんをそっと大切そうに抱き上げる姿や、赤ちゃんが寝たらお料理の準備に移るという姿からも、サキちゃん自身がお母さんになりきり、具体的な場面を想定しながら遊びを進めていることがわかるといえるでしょう。

　また、ノゾミちゃんも自分自身の料理作りのイメージをもっており、調理道具と使用する具材をイメージに合わせて選んでいる様子がうかがえます。1歳児クラスの頃から親しんでいる素材〝ホース〟は、4歳児クラスでは自分の必要な分だけをカゴから取り出して遊ぶようになっていました。2歳児クラスの頃に保育者が調味料容器に唐辛子に見立てた用紙を入れて準備していたという調味料は、子どもが素材を考えて用意し、つくり出すまでに変化してきたようです。

　このように、遊びが膨らむ雰囲気やイメージを形にする素材といった環境との関わりを通して、子ども自身が遊びを広げていくのです。そして、遊びの経験の積み重ねの大切さも実感されるといえます。

（2）数量の感覚の育ち　道具を大切にする
〔事例2〕ドングリバッグ作り（4歳児・9月）

　近隣の公園への散歩の際にみんなで集めてきたドングリを入れる「ドングリバック」をつくることになりました。カズヤ君が、「キミドリは？」と何色を使ったのかを尋ねると、「キミドリやった！」とシュウ君が答え、アキノちゃんもシロウ君の黄緑色の絵を見て「かわいいね」と伝えています。カズヤ君は、「カズヤねぇ、みずいろのアオ、アオ、アオ、アオ、アオ、オレンジ、オレンジ、ミドリ、

あ、ミドリは1コ。イチゴ1コ、ムラサキが2コ」と使った色を絵の数ごとに数えています。「え、これはピンクだよ」とアキノちゃんが教え、カズヤ君は、「あ、ピンクだね、1コ、ハイ！」と数え終わると青ペンのふたを両手でぐっと締め、ペンケースに戻そうとしました。シロウ君も黄緑色のペンをケースに入れようとしていたため、カズヤ君は順番をシロウ君に譲ってから青ペンをケースに戻していました。カズヤ君が、「できた！」とドングリバックの取っ手

リボンを親指にかけてブラブラと揺らしながら二人に見せると、シロウ君も真似をしています。

また、カズヤ君はシロウ君のドングリバックの土台となっている画用紙とリボンの色が両方とも青色であることに気づき、「わあ、アオ、アオ、アオじゃん！」と驚いていると、アキノちゃんも、「私もアオ！」と答えています。また、カズヤ君は、自分のドングリバックを見て、「ほら、ぼくのみてアオ（の画用紙）とオレンジ（のリボン）」と喜び、アキノちゃんは、自分のドングリバックの青い画用紙とリボンを見て、「だって私、アオが一番好きなんだよね、かわいいから」とはにかみながらつぶやき、模様付けを完成させていきました。

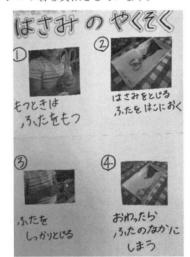

隣りの机ではチサちゃんが、ドングリバックの中に入れるものをつくろうと、ペンで模様を描いています。ペンを使い終わる毎に、そのキャップにペンをぐっと両手で2度押し込んでいました。そして、ハサミでモールや色画用紙を自分なりに見立てて切っており、切り終わるたびに、ハサミのふたに入れ、きっちりとハサミがふたに収まっているか再度押し込んで確かめていました。

日常生活の中で数量の感覚が育つ経験を積み重ねていくことの大切さは、広く認識されてきたといえるでしょう。しかし、その場面を想像する際に、おやつや給食、そして製作の場面でも材料をクラスで分ける際に数を数えたりする場面が思い浮かぶのではないでしょうか。この事例では、子どもたちだけで製作を楽しんでいる様子が取り上げられています。

カズヤ君が色ペンを使用した数量を数える姿に注目してみると、まず、「アオ、アオ、アオ、、、」と色を事物として数え、そのうちに、「ミドリは1コ」と言い出してからは、数え方が変化していきました。そして、紫色については、「ムラサキ、ムラサキ」ではなく「ハラサキ2コ」と表現していることから、この時点で具体的な事物の数、2という数字、そして、「に」という読みが結びつき数の概念が正しく確立されていることがわかります。このように、保育者が傍にいない子どもだけの遊びのなかでも、子どもは自然に数量の感覚が育つ経験を重ねているのです。

また、使用している物の扱い方をみてみると、色ペンを使い終わるたびにペンのキャップを両手でぐっと押し込んだり、共有のケースに戻したりしていました。キャップを押し込むことでインク

漏れや乾燥を防ぐこと、共有のケースにすぐに戻すことで友だちが使いやすいようになること。つまり、身近な道具を大切に使用することが身についてきているのです。さらに、ハサミを使い終えるたびにふたに入れる姿から、安全な使用方法も理解していると考えられます。事例内に示されたハサミの使い方の掲示写真は、実際にクラスに掲示されていたものです。その約束事を子ども一人ひとりが理解しているからこそ、保育者がずっと一緒にいなくてもハサミを使用する遊びが展開できるともいえます。

　なお、この事例を観察した時期は、製作の幅を広げていくことを保育者が意識していた時期でもあり、モールやストロー等の様々な素材を自由に取り入れて遊びを展開しはじめ、子どもの製作遊びへの関心が高まっている時期とも捉えられます。そうした背景を踏まえ、子どもの姿が、「先生が言っているからやろう」ではなく、「○○のために、キャップをはめよう」という主体的な取り組みに成長していることが実感できるのです。

（3）文字への関心の育ち
〔事例3〕朝の会（4歳児・10月）

　朝のクラス活動では、今日の日付や曜日を保育者が尋ね、子どもたちが、「8」、「モクヨウ」、「キンヨウ」と答えています。保育者は、「そう今日は8日」とペンで書き足し、「今日は木曜日で、残念だけどお天気は雨だね」と伝えながら、平仮名で「もく」、「あめ」と書かれたマグネットを貼り足していきます。保育者が、「じゃあ今日の予定を見てね」と声がけ、ホワイトボードにあらかじめ室内遊びとして計画し書いてあった、「つみき」「ブロック」、「おままごと」、「おいしゃさん」の文字を見ながら、「コウタ君は何をする？」など子どもたちに尋ねていきます。そして、「お絵描きー！」などの子どもの意見をペンで書き足していきました。

　また、保育者は、「そうだ、みんなお医者さんごっこがすきだから、今日はこういうものを作ってきました」と言ってカゴの中にある封筒で作られた薬袋を子ども達に披露しました。「みんなも作りたかったら、まだ封筒たくさんあるからつくってね」と伝えながら「これはなんだと思う？」と目薬の絵が描かれた封筒を見せました。…さらに、保育者は、「みんなこれは何かわかる？」と尋ね、「分かる！しんさつけん」と子どもが答えます。保育者は、「そうだね。診察券だね。ケイト君も最近お医者さんに行ってきたからわかるよね。覚えてる？みんなも他に欲しいものがあったら、自分たちでつくったり、先生に教えてね」と話し、診察券らをお医者さんごっこのコーナーに置いておくことも伝えて遊びがはじまっていきました。

　園生活のなかには、文字を書く練習をしなくても子どもが文字に触れる機会はたくさんあります。保育室内では、壁面飾りや子どもの作成した作品が飾られるだけでなく、誕生日表、予定表、献立表、日付、子どもからのお手紙などあらゆる文字がいろいろなところにあふれています。子どもの

ロッカーやタオル掛け、靴箱といった設備でも、乳児クラスで貼られた個別のマークシールが子どもの成長と共にマークシールではなく名前だけの表記へと変化していきます。また、おもちゃや素材を片付ける棚もイラストなどのマークから平仮名表記へと変わっていきます。これほど文字に囲まれているため、子どもが文字に興味や関心をもつことは必然的といえるでしょう。

　この事例では、朝の会の一場面を取り上げています。もちろん、4歳児クラスの最初の頃から多くの子どもが文字への理解を深めていた訳ではありません。大好きな友だちが読んでいる文字に興味をもち、次第に理解を深め、4歳児クラスの10月には多くの子どもが文字に高い関心を示しているからこそ、ホワイトボードに文字を書いてそれを朝の会に取り入れているのです。また、日付や天候、予定を確認する取組みは、一人ひとりの子どもが一日の園生活に対する見通し、楽しみをもつという役目も果たしています。なお、事例を観察したクラスのホワイトボードには、本日の給食の献立やデザート、アレルギー除去食の有無なども表記されています。さらに、このクラスでの他の日のエピソードとして、デザートの部分に保育者が「なし」と果物の名前を書いておいたところ、朝の会ではない時に、ある女の子が「今日のデザートは無しなの？」と悲しそうに保育者に伝えに来たという出来事があったそうです。なんとも子どもらしく微笑ましいエピソードであると共に、この女の子の姿は、朝の会以外の時にも子どもたちがホワイトボードの情報に注目していることを私たちに教えてくれます。

　このように、4歳児クラスでは文字に対する興味や関心が高まり、簡単な文字を積極的に読もうとするだけでなく、情報を収集することによって園生活がより豊かになることを無意識に理解している姿が増加していきます。つまり、情報リテラシーの育成に繋がっているといえるのです。また、それは朝の会の後で展開される病院ごっこが子どものなかで流行っていることにも大きく関わってきます。家庭生活のなかで地域社会との繋がりを経験してきた子どもたちは、病院への通院も多く経験しており、病院ごっこは子ども間でイメージを共有しやすい遊びといえます。言葉の発達が著しい時期であることから、ごっこ遊びのなかで、医師や看護師、受付の事務職員とのやりとりまで非常に細やかに再現していきます。子どもの遊びでの会話に耳を傾けてみると、病院の種類には耳鼻科や小児科、歯科などがあること、体調に合わせて薬が処方され、薬は症状が改善されても全て飲み切ること、薬を全て飲み終えた頃再度通院すること、医師によって病気が治ったと認めたら遊びに行ってよいことなど具体的なやりとりも展開されています。

　こうした子どもの遊びの姿から、地域社会生活での経験が生活に必要な情報として蓄積されていくことが実感されるのです。

（4）地域社会との繋がり～環境保護
〔事例4〕園外保育での出会い（4歳児・9月）

> 　運動会を週末に控えたある日、運動会のリハーサルをしに近隣の公園へ行くことになりました。子どもたちは二人ずつ手を繋ぎ、二列に並んで公園まで歩いていきます。閉店中の駄菓子屋の前で立ち止まったカズヤ君たち4人は、「だがしやさんだよ」、「あいてないよ」などとフェンス越しに駄菓子屋を覗き込んでいます。

また、病院の裏手まで歩いてくると、曲がり角で子どもたちは必ず病院のほうを振り返り、リハビリ室の大きなガラス窓に向かって手を振っています。ミユキちゃんやカズヤ君、タイチ君、ナツ君たちが手を振っていることに気づいた患者さんと病院職員の人たちが手を振り応じてくれると、子どもたちもより一層大きく手を振り返しています。少し遅れてみんなの後ろをアラタ君と歩いていたハジメ君も病院に向かって手を振り、歩きながら再度振り返って病院の人たちに手を振っています。さらに、団地の横を通り抜ける時には、「だれかヤッホーしてくれた！」と団地を見上げて声の聴こえてきた場所を探したり、「あれアサガオかな」とアラタ君と一緒にアサガオによく似た道端の花の前で立ち止まったりしています。

横断歩道が見えてくると、赤信号でもコウタ君は右手をまっすぐ上に挙げており、横断歩道を渡る準備をしているようです。公園の入り口から公園内のグラウンドまでの5分ほど歩く道のりでも、「こんどね、テレビ塔にいくよ」、「あっちにドングリあるんだよね」、「あっここにもドングリ一杯落ちてる！」、「キノ

コあった」、「りすは森にいるんだよ」、「あっちに滑り台が見えるね」などと子どもたちの会話は尽きることがありません。また、コウタ君は小さな声で何かを呟きながら右手を振っています。コウタ君に近づくと、「にんじゃ、、、にんじゃ、、、ハッ」と運動会で踊るお遊戯の歌を囁きながら振り付けを踊っていることがわかりました。

グラウンドのそばに着くと、先にゲートボールでグラウンドを使用していた地域の高齢者と保育者が話をしている間、子どもたちは小さな池を覗き込んで、「クモがいる」、「アメンボがいる？」などと水面に指を差しながら話しています。グラウンドに再び移動しはじめた時に、「あ、ペットボトルある！」と水面に浮いていたペットボトルを誰かが指差すと、ハジメ君、コウタ君、ソラ君はペットボトルが気になりはじめ、ハジメ君は「ペットボトル（捨てちゃ）だめなんだぞー」と言いながら池の方を振り返っています。観察者がペットボトルを拾い上げたことを子どもたちに伝えたところ、ハジメ君はペットボトルを見ながら、「もう捨てておいたら？」、「ゴミ箱どこにあるかわからないなぁ」と言っています。観察者がペットボトルをあとで捨てるために鞄に入れることを伝えると、子どもたちも安心したのか地域の高齢者に元気よく挨拶をしながら、足早にグラウンドの中へ歩いていきました。

　この事例では、こども園から公園までの13分間の出来事を取り上げています。その短い時間のなかで、どのような地域環境に子どもが出会っていくのかを感じ取ってもらえたでしょうか。0歳児クラスの頃から通り慣れている公園までの道のりは、子どもにとって園生活の場の一部になっており、安心感をもって過ごせるようになっていることが伝わってきます。また、担任保育者によると病院の人々との関わりは、1歳児クラスでの散歩時に垣根のない病院の敷地内を歩き、リハビリ室の窓ガラスに顔ぴったりと寄せて室内を子ども達が覗き込んだことからその繋がりが生まれているそうです。その後、保育者もより一層配慮し、自然と手を振り合う繋がりが生じていきました。

　４歳児クラスになった今では、保育者がすぐそばにいなくても、子どもたちは自らが地域の人々と関わりたいと思い、そして行動するなかで、地域社会のなかで生きている自分を実感しているといえます。

　『幼稚園教育要領』では、総則の前文に、「持続可能な社会の創り手」の育成について掲げられました。これは、「持続可能な開発のための教育」（Education for Sustainable Development、以降ESDと略す）を保育現場で実践していくことを示しています。ESDは、世界中にあふれている気候の変動や、生物多様性の喪失、資源の枯渇などに関する様々な問題を、まず身近な問題から解決し、その積み重ねのなかで世界全体が協力し合い解決をしていこうとする教育です。〔事例４〕のなかで捨てられたペットボトルを気に掛けるハジメ君たちの様子は、地域環境を自らの家庭生活と園生活同様に大切な生活の場と考えているからこその姿であり、ゴミはどこに捨てるべきか、また、捨ててはいけない場所があることを４歳児が理解している姿が伝わってきます。こうした子どもの姿を認め、ESDを保育のなかで積極的に実践してくことが今後重要とされるのです。

〔ワーク１〕ドングリの保管方法やドングリを使って楽しめる遊びを調べ、まとめましょう。

〔ワーク２〕ままごと遊びで登場していた切ったホースのように、ままごと遊びで取り入れられるような素材を検討し、まとめましょう。

〔ワーク3〕ESD（Education for Sustainable Development）及び SDGs（Sustainable Development Goals）について調べ、まとめましょう。

〔ワーク4〕4歳児クラスの担任保育者になったらどのような環境を大切にして保育を展開していきたいと考えますか。

　ここまでの学びを踏まえ、次の第３節では、第２節で取り上げた事例の観察実施クラスの担任保育者の思いに目を向けてみましょう。

３ ４歳児クラスの担任保育者の思い　－１歳児からの子どもの成長を踏まえて－

　私は、１歳児クラスから現在の４歳児クラスまで持ち上がりで担任をしてきました。子どもを取り巻く環境について振り返ってみると、１～２歳児クラスの頃は、子どもとの信頼関係の中で自分のしたいことを自由に安心して行えるよき理解者であることを意識して保育を行ってきました。保育者として、常に子どもの遊びの中に身を置き、子の表情や視線に目を配り、そこからその子の心の動きを察知しながら援助することを心掛けてきました。また、遊びが十分満足できるような環境を発達に応じて提供していきました。子どもが遊びはじめるきっかけやそれを促す方法としては、保育者が意図的に用意して置いたり、モデルになったりすることで気づくようにし、その後は、子ども同士のやり取りを補ったり要求に応じて援助したりしてきました。また、陽気を見計らって散歩の機会を多く持ち、自然に触れる遊び、体をしっかりと動かす遊びの時間を設けていきました。

　２歳児クラス後半から３歳児クラスになると子どもは、友達の遊びたい気持ちに気づいたり、自分の実現したいことをどうしたらできるのかを考えたりするようになっていきました。そのため、玩具の量を調整し、使い勝手を考えて配置を変化させていきました。玩具の貸し借りや交渉ができるよう互いの気持ちやしたいことを言葉で代弁するようにもしてきました。３歳児クラスでは、子どもが自ら準備して自ら片づけることに重点を置き、出しやすく片付けやすい場所や大きさを工夫していきました。同じ遊びをしたい者同士が協力して出す、片づけを忘れた子に片づけを促すといった保育者の働きかけと共に子ども間でそのことを伝え合う姿も見られるようになっていきました。

　４歳児クラス前半では、新しい環境になって思うように片づけられない、クラス替えによって思うように友達と分かり合えないといった姿が見られました。クラスに慣れてくると同時に、「もっと高く積みたいけど、椅子使ってもいい？」、「椅子取りゲームしたいけど先生もやって」など保育者に相談、要求するようになっていったことを覚えています。４歳児クラスの後半になるといつの間にか先導する役割の子ども、縁の下の役割を果たす子ども、友達同士の仲立ちを率先して行う子ども、周りの様子を見ながら動く子ども、みんなを誘って次の行動を促す子どもなど個々の特徴に応じてその力を発揮し、それぞれが集団の中でその存在や居場所を認め合うようになっていったと考えます。行事の折には、発表することへの関心も高まり、自発的にその目標に向かってやり遂げようとする姿が見られました。個々に気持ちの温度差や技能の違いがあるため、約束事やルールを写真や文字を使ってみんなで共有できるように掲示し、それぞれの力量にあった取り組みが自由にできるよう環境を工夫していきました。

　今後、５歳児クラスに進級するにあたり、ここまでの子どもたちの成長を振り返りながら、発達の連続性をもって環境づくりをしていきたいと考えます。その時の背景、その子の知識や技能、関心や意識の違いを配慮しながら、子ども自身が主体的に環境に関わっていけるよう環境を構成していけたらと思います。そして、５歳児クラスでは、さらに大きな集団として、自分たちで環境をつくっていく、工夫していく、その時にはお互いに自分の意見を言い相手の意見を聞き折り合いをつけていくといった力を育てていけたらと考えます。そのためには、子どもの活動を辛抱強く見守ることによって、一人ひとりの子どもが主体的に人生を楽しみ、他者と共存しながら、心が動く環境を自ら構築していける人に育ってほしいと願っています。

4 本章のまとめ

　第4章では、4歳児クラスの子どもたちの日常の園生活に注目し、子どもと環境の関わりを考えてきました。また、実際に事例観察をしたクラスの担任保育者の思いを知ることによって、子どもが保育のなかで環境に出会い関わってきた経験は、最長で6年間という園生活の中で計画的に保育者によって整えられていくことも確認できたかと思います。筆者自身も以前幼稚園教諭をしていましたが、幼稚園教諭をしていた際に抱いた4歳児クラスの印象を一言で述べるならば、「おもしろい！」です。子どもは、それぞれ異なる経験を家庭生活や地域生活のなかで送っています。特に4歳児は、それらの経験が園生活のなかで表出される内容、方法も異なってきます。それと共に、子ども同士がその差異に驚いたり、惹かれ合ったりしながら育っていく時期ともいえるでしょう。このような4歳児クラスの子どもを支えるには、保育者自身が子どもの発達や興味関心だけではなく子どもを取り巻く環境に敏感であることが求められます。保育を学ぶ学生の皆さんが、子どもを取り巻く環境を敏感に察知し、子どもの「なぜ？」、「どうして？」、「もっと○○してみたい！」という願いに気づいて、その実現を後押しできる保育者になってもらえたらと思っています。

【参考文献】
片山紀子編著（2008）『保育実習・教育実習の設定保育』朱鷺書房
文部科学省編（2017）『幼稚園教育要領』フレーベル館
内閣府・文部科学省・厚生労働省編（2018）『幼保連携型認定こども園教育・保育要領解説』フレーベル館
文部科学省HP『持続可能な開発のための教育（ESD：Education for Sustainable Development）』https://www.mext.go.jp/unesco/004/1339970.htm　2021年3月15日最終参照

【事例観察協力園】稲葉地こども園（愛知県名古屋市）
執筆にあたり、事例観察のご協力及びご助言いただきました稲葉地こども園の園長奥村紀子先生、主幹保育教諭の栢清美先生、先生方と園児の皆さんに感謝の意を表します。

コラム6：砂場と子どもの深いい関係！！

　幼少期に楽しかった遊びについて聞くと必ず入っている砂場での遊び。この砂場の遊びは、どのように広がったのでしょうか。砂場は、明治期半ばから大正期にかけて、我が国の幼稚園で急速に普及したと言われています。明治期の前半、我が国はフレーベルの恩物教育の全盛期と言われ、机の上で決まったことを行う形式的な保育が行われていました。笠間（2001）は、著書『〈砂場〉と子ども』において、明治期半ばから砂場が普及していった理由を、当時の恩物教育により、硬直化した保育の形を打ち破り、自由に創造的に遊びを展開することが許される「砂場」という場所が、新しい保育の象徴になったのではないかと推察しています。では、砂場という空間には、どのような魅力があるのでしょうか。実際に子どもたちが遊んでいる様子から考えてみましょう。

　ある天気の良い日、A園の砂場ではダイナミックな遊びが始まりました。手前では、5歳児クラスの男児たちが大きな山を作り、トンネルを掘っています。「つながるかな！もう少し！」「つながった！」「水を流してみよう」。砂と水を組み合わせ、手で力強く砂山を作っていく子どもたち。

　奥の方では、同じく5歳児クラスの子どもたちが、シャベルで穴を掘り始めました。どんどん掘って、子どもが入れるほどになった大きな穴。何人入れるかな？1人、2人、3人・・・なんと8人もの子どもが入るほど大きな穴になりました。砂場での遊びは園庭にも広がり、泥遊びや泥団子づくりと続いていきました。

　このように、砂場は子どもたちにとっては無限の遊びが広がる場所です。砂場の最大の魅力は自由に創造的に、応答性が高く変化に富む「砂」という素材とかかわることができるという点でしょう。砂遊びは、手で砂をすくったり握ったり、つまんだりする行為から始まります。ざらざら、さらさら、湿っている、温かい、子どもは様々な感触を砂遊びのなかで味わうのです。また、土を掘ったり、山を作ったり、型抜きをしたりと子どもが働きかけることによって、砂の形は変化していきます。子どもが思いっきり砂遊びを楽しむことができるように汚れてもよい服装とシャベルやスコップ、バケツ、型抜き、お皿などの容器や道具があると、遊びがより広がっていくでしょう。

【参考文献】
笠間浩幸（2001）『〈砂場〉と子ども』東洋館出版社
【事例写真協力園】：社会福祉法人城和会　城山保育園（群馬県高崎市）

第**7**章
子どもの成長と保育環境
（5歳児）

　保育内容「環境」のめざすものとして、子どもの成長にとって望ましい保育環境とは何かを常に考えていくことが重要になります。一人ひとりの子どもが自分自身をかけがえのない存在として大切にし、個人の自立を図りながら周りの環境と相互理解ができるようになり、子どもの人格を認め、子どもに寄り添った保育を行うことができる空間が担保されることが大切です。ここでは、5歳児クラスの事例なども踏まえ、子どもの成長と保育環境について見ていくことにします。

１ 保育環境と季節
　領域「環境」とは、子どもを取り囲む、人・物・自然などの環境を子どもが認識することです。生活の中で、様々な素材、数、量などに触れることで、様々なことを感じ、考える力を育むことが大切です。
　たとえば、日本のように四季の移り変わりがはっきりし、自然環境に恵まれたところでは春・夏・秋・冬の季節に相応しい、季節の特長を生かした活動や環境を考えた生活が展開されるように配慮することが必要です。
　豊かな自然に溢れた季節の環境を子どもの頃から大切に思う心を子どもが持つためには、目に見えない春の息吹や、土の中の冬の水どけの音などにまで広がるように、自然の中に子どもを連れ出したり、園生活の中に季節が感じられたりするように組み込んでいけることを考慮することが重要です。
　季節を間近に感じられる自然の中で遊ぶことは、太陽や風、土、水の気配について実感を伴って体験することになります。また、園生活の中に季節が感じられるような環境を配置すると、現代のような社会生活では、なかなか感じにくい季節の変化に気づくこともできます。地域の季節の行事と生活との関連を生かしながら、園生活に変化をつけ充実した楽しい生活が広がっていくと考えられます。
　保育者は季節による環境を保育に取り入れる際にいつも問い直すことは、季節を配慮した行事が園生活の自然の流れを損なっていないか。行事のために保育者も子どもも振り回されていないか。子どもの興味や関心に反して主体性を奪われた型どおりのものになっていないか。教育的価値観よりも別の目的に行事を行っていて子どもの負担になっているのではないかなどと考えさせられることがあります。地域の季節の行事や自然をいかに取り込んでいくかは教育課程・全体的な計画の編成にあたって、いつも考慮しなければならないことです。保育は子どもが主体的に関われるように、その時々の子どもに必要と思われる環境の構成を創造しながら、子どもとともに再構成していくことが大切です。

2 子どもの主体性を育む保育環境

　これまでの知識・情報だけを詰め込む教育ではなく、生きていくことがもっとも楽しく素晴らしいものに思えてくる学びの場、喜びや充実感を本当に味わえる場、共感に支えられて生きる力が育まれるような環境が必要です。

　学びの主体者は子どもであることを忘れず、子どもたちが自らの異なった持ち味や個性を発揮しながら他の人々とも連携し大切にしながら知識や情報を適切に選択し、吸収して直面する内外の様々な問題解決に向かっていく基礎能力を育成する環境を作りだすことが保育内容「環境」のめざすものにつながっていくと言えるでしょう。

　子どもは身の回りの様々な環境に興味や好奇心を持って関わり、遊びや生活に必要な力や態度を獲得していきます。子どもがどのように環境に関わって活動を生み出していくのか、主体的に活動するための環境作りにおいて、保育者の援助が大切となります。

　そのためにも、子どもに経験させたい活動が十分に展開できるような状況を作りだし、活動したくなるように整えられている環境を構成していくことが必要です。活動する場所や時間によってどのように組み合わせ、配慮をするのか。教材・用具等を保育の流れに応じて、どのように準備し、構成するかが求められます。

　たとえば、子どもが「絵を描きたいな」と思った時、保育者が活動に必要な用具を管理していると、画用紙がすぐに取り出せなかったり、クレヨンや絵の具の準備ができていなかったりすると意欲は半減します。子どもの活動に必要な用具はできるだけ子どもの目の高さを考え、見やすく、取り出しやすいところに配置することが必要です。また、それらの環境を、子どもが「やりたいな」「触ってみたいな」と思わせるために、環境が誘いかけるような心配りで準備することは子どもの意欲を高める動機となります。

　『保育所保育指針解説』では、3歳以上の保育の子どもの環境への関わりにおいて、「環境に好奇心や探究心をもって主体的に関わり、自分の遊びや生活に取り入れていくことを通して発達していく。」と述べられており、以下のことが記されています。

　子どもは身近な環境に興味をもち、それらに親しみをもって自ら関わるようになる。また、保育所内外の身近な自然に触れて遊ぶ機会が増えてくると、その大きさ、美しさ、不思議さに心を動かされる。子どもはそれらを利用して遊びを楽しむようになる。子どもはこの遊びを繰り返し、様々な事象に興味や関心をもつようになっていくことが大切である。

　子どもは身近な環境に好奇心をもって関わる中で、新たな発見をしたり、どうすればもっと面白くなるかを考えたりする。そして、この中で体験したことを、更に違う形や場面で活用しようとするし、遊びに用いて新たな使い方を見つけようとする。子どもにとっての生活である遊びとつながりの中で、環境の一つ一つが子どもにとってもつ意味が広がる。したがって、まず何より環境に対して、親しみ、興味をもって積極的に関わるようになることが大切である。

　特に5歳児ともなれば、子どもは主体的に自分で学ぶことの大切さや喜びを感じ、学び合い教え

合う関係を作っていきます。さらに、友だちと遊ぶことの大切さや楽しさを共有し、人間的な触れ合いを通して、人としての痛みや喜びなどを共感し、人間関係を学んでいきます。保育者は、子ども同士が共に学び合い、つながれるよう生き生きとした豊かで安心できる環境を構成していくことが必要です。子どもの身体的な発達は目に見えますが、内面的な発達は目に見えない部分であるため、保育を通して見過ごしていることもあるかもしれません。下記は、子どもが主体的に関わろうとする姿を見守ることの大切さを感じた事例です。実際に子どもとの関わりの中で学んだことですので、ぜひ参考にしてほしいと思います。

〔ワーク1〕以下の5歳児の事例を通して、あなたがもし保育者であれば、子どもにどのように関わりますか？　子どもとの関わりで「見守ること」の大切さを考えてみましょう。

> 　5歳児クラスの昼食後に、私がテーブルとイスを片付けようとした際、自分でイスを片付けようとする子どもがいました。私は時間がかかると思ったのと、最終的にその子どもを手伝わなければならないと思ったことで、さっさと自分で片付けてしまいました。
> 　すると、その子どもは私が片付けたイスをまた出して、再び自分で片付けようとしました。この経験から子どもの一人ひとりの目に見えない内面の発達を理解することがとても大切であるということを学びました。

　保育では「待つこと」や「見守ること」がとても大切です。5歳児になると自分でできることが増えてきますが、子どもは発達途中の段階ですから、やろうとしてもなかなかできなかったり、手こずっていたりする場面が多くみられます。もちろん場面や状況に応じた適切な声掛けや支援が必要ですが、子どもを支援するということは子どもの手伝いをすることではありません。

　特に、実習生は子どもの姿を見ると、すぐに手伝ってあげたくなったり、声をかけたくなったりすることをしてしまいがちです。しかし、実際は、その子どもにとって良いと思った行為が逆に子どもの発達を妨害してしまうことに繋がることもあるのです。

　子どもが誰の援助もなく、自分自身で物事に取り組み、できた時の嬉しさや喜びは子どもにとって貴重な経験の一つになります。さらに、そのような経験を踏むことによって、自信が生まれ、自

己を認めることができるようになります。保育者として保育を通して、見えない発達の部分に対してなおざりにすることなく、子どもの育ちを大事にし、見守っていくことが求められます。

『幼稚園教育要領解説』では、環境を通して行う教育について「幼児が自ら心身を用いて対象に関わっていくことで、対象との関わり方、さらに対象と関わる自分自身について学んでいく。幼児の関わりたいという意欲から発してこそ、環境との深い関わりが成り立つ。この意味では、幼児の主体性が何よりも大切にされなければならない」と書かれています。

一人ひとりの子どもが個としての楽しさのある保証された環境の中で過ごすことができ、安定した生活を送ることが必要です。子どもの内的な欲求に十分対応できるために、子どもを取り巻く環境がいかに大切であるかを考慮し、子どもの心を引き入れることのできる環境が重要となります。子どもが自分の見つけた遊びの世界に入り込み、自ら学び、自ら考える能力や豊かな人間性を育成し、人として発達していくことが求められます。

また、多様な経験を通して、充実感や達成感を味わい自己信頼感を持てるようになることが重要です。そのためにも、子ども自らが興味や関心を持ってやってみたいと思えるような環境を用意し、物や人に十分関わって生活していくことが展開していくことが大切です。

③ 保育者と保育環境

子どもを取り巻く保育環境として、保育者の存在は非常に大切な「環境」です。保育者に求められるものとして、佐藤は「保育者の温かな人間性よって、知識や技術が子どもの心を揺り動かす。どんなにすばらしい知識や技術をもっていても、保育者の人間性いかんで子どもの心を素通りしてしまうことがある。保育は環境を通して行われるというが、保育者の人間性こそが最も大切な環境と言える」と述べています。

人的環境の一つである保育者の資質を向上させるには、まず人間力を磨いていくことが一番大切な要素となります。これからの保育展開において求められる、多様な指導方法を学ぶ態度を養う基盤になると考えられる人間関係を構築するためにも、お互いの良さを見出し、認め合い、人間として尊重しあうことが大切です。

また、保育者にとって、常に子どもの健康状態に配慮し、子ども安全を守ることは大変重要な役割の一つです。保育環境が安全であるかどうか、特に遊具や教具が壊れていないか等を必ず確認することが大切です。また、子どもは危険を察知することや運動機能が未発達であるため、日常の保育においては、事故を防ぐために安全管理に努めることも重要となります。

幼稚園や保育園では清掃も仕事の一つですが、清潔に保つことは、子どもの安全を確保することに繋がります。下記のエピソードは、実習生が保育者の仕事を観察したものです。ここでは、安全にかかわる事例を紹介したいと思います。

【M保育所6月○日　保育者の事例】

> 　保育者が、雨の日の翌日に園庭で朝の掃除をしていていたのですが、すべり台の上まで昇って確認し、濡れた木の葉を拾っていました。子ども達がすべり台で遊ぶ時に、滑って転ばないように配慮して掃除をしていました。

　このように、保育者は、子どもの登園前の場面でも子どもの健康と安全を考え、子どものやりたいことに向かっていくことができる、遊びの内容が発展することができるように配慮し、常に子どもが安心して過ごせる環境を整える必要があります。

　保育者は、周囲に気を配りながら一人ひとりに寄り添った、適切な援助をしています。保育者の動きには一つひとつに意味があります。その意味を読み取り、子ども達にどのような働きかけをしているのか、どのような配慮をしているのかを考えることはとても重要です。

　保育者は、子どもを愛する心を育て、周囲に気を配りながら一人ひとりに寄り添った、適切な援助を行います。子どもが発達していくためには具体的な課題のみの「できた」「できない」で子どもが発達したと見なすのではなく、子どもの成長にとって本当に必要なことなのか、価値のあることなのかを見極め、子ども一人ひとりに合った発達の内容を積極的に提供し、働きかけることが重要です。子どもを無視した強制的な働きかけは、子どもの主体性を摘み取り、自律的な人間としての自己形成力を奪うことになります。子どもが「その子らしく」一人の人格者として発達できるような働きかけが必要となります。

【参考文献】
松本峰雄（2006）『教育・保育・施設実習の手引』建帛社
秋田喜代美編著他（2012）『新時代の保育双書　保育内容「環境」第2版』みらい
柴崎正行編著（2012）『演習保育内容環境』建帛社
佐藤有香（2016）秋田喜代美編『今に生きる保育者論 新世代の保育双書』みらい
文部科学省（2018）『幼稚園教育要領解説』フレーベル館
厚生労働省（2018）『保育所保育指針解説』フレーベル館

コラム 7 ：草原に咲いている花、"この花、なーんだ！"

　道端や公園、野原などで見かける草花、名前がわかるものは何種類くらいありますか？こどもたちから「これは何？」と尋ねられた時に、その場で花の名前を答えたり、草花遊びを始めたりできるともっと楽しい時間を過ごせますね。

　ここでは一般的に見つけやすい草花を紹介しています。ぜひ、絵を見て花の名前を当ててみてください。そして、どんな場所で見たことがあるか、どのような遊びができるかも合わせて考えてみましょう。

シロツメクサ
別名はクローバー。花と茎を使って指輪や冠を作って遊んでみましょう。四葉のクローバーを探して押し花にして楽しむこともできますよ。

ナズナ
ペンペン草とも呼ばれます。実の部分の根元を少し引き下げ、ぶら下がった状態にします。軸をもってクルクルまわすとペンペンと鳴ります。

ニホンタンポポ　　　セイヨウタンポポ

タンポポ
実はタンポポは、ニホンタンポポとセイヨウタンポポの2種類あります。花の裏のつけ根の部分を見比べてください。総苞片（そうほうへん）という緑色の小さな葉が下に反り返っているのがセイヨウタンポポです。タンポポを見かけたら観察をしてみましょう。

ツユクサ
夏に青い花をつけます。花は早朝に咲いて午後にはしぼんでしまいます。青い花をたくさん摘んで色水を作って遊んでみましょう。

ヒガンバナ
秋に咲く花です。茎を交互にポキポキ折って首飾りを作って遊ぶことができます。花が咲いているときは葉がありませんが、冬になると葉が出てきますよ。

ナンテン
冬に赤くて丸い実（白いものもあります）をつけるのが特徴。雪が降った日は、雪ウサギを作ってみましょう。赤い実は目、葉っぱは耳に使えます。

第8章
いろいろな植物を栽培してみよう

「生きることは食べること」歩くことも考えることも遊ぶこともすべ
ては健康な体があってこその私たち「人間」です。この章では食べるこ
とを支える環境としての食育の一部分である野菜の栽培と収穫について考え、学んでみましょう。

1 今、日本の和食が世界の注目を浴びているのはなぜ？

　日本では、平均寿命が延び人生百年時代と言われています。元来日本人は農耕民族であり、古く
から米飯を主食とし豆類（味噌・醤油・納豆・小豆）・ごま・昆布・野菜・魚・椎茸・芋類などを
添えた食事で人々の健康を培ってきました。その食生活を狩猟民族である欧米人が長い期間をかけ
て研究し「日本の和食こそ健康的で理想的な食生活である」と結論づけられたのが大きな理由です。

2 日本人はみんな和食を食べていて、胃腸が健康なの？

〔ワーク1〕あなたが食べた今朝のメニューは何でしたか？　書き出してみましょう。

また、昨日の夕食のメニューも書き出してみましょう。

　毎日食べたものが胃腸で消化吸収され、心と脳と筋肉と細胞の再生に使われて「免疫力」となり
ます。最近は世界の人々の交流が盛んとなり、日本でも世界各地の食物（肉類や乳製品、珍しい魚
介類、果物）などカタカナで表す食品を食べることが多くなりました。それらの食品の製造過程や
長期保存・販売効果を上げるための添加物・防腐剤・保存料・消毒物質などが多く使われることが
当然となり、毎日体の中で行われている細胞分裂に異常がみられ、様々なガンや珍しい病気などが
発生したり、薬に頼ったりして免疫力が下がり健康を損なう大人が多く見られるようになったとい
われています。小さな子どもたちは自分の食べ物は選べずに、大人たちの都合や考えで与えられた
食べ物を食べていることしかできません。子どもたちに「朝ごはんは何をたべたの？」と聞いてみ

ると、びっくりすることもあります。ご飯に味噌汁を食べている子はとても少なくなりました。

③早くて簡単に、「健康な体を作り守る方法」はないの？

　今やＩＴ時代、グローバル化や複雑化する社会情勢のなかで、これからの100年近くを生きていく子どもたちには「自分の心と体の健康は自分で守る」という智恵を身につけておいてほしいものです。それには、大事な幼児期である今、「楽しい」「おいしい」の感動を「自分の手で野菜を育て、収穫し調理し感謝していただく＝食べる」という体験を通して、効果的に印象づけていきたいものです。園での一人一鉢の野菜を育てる活動を通して、ピーマン嫌いの年長児が自分でピーマンを選び食べたことで好きになったという事例もあります。野菜を育てようという気持ちと毎日お世話をするという習慣で愛着・根気を、そしてみんなで食べるという活動で達成感を味わうことができ、「野菜を育てて食べる」ことは心にも体にも栄養になり、手っ取り早く「健康」になる方法そのものなのですね。

　市場やスーパーなどではさまざまな野菜が出回っていますが、野菜は一番おいしいといわれる旬の時期があります。

〔ワーク2〕次の野菜の旬は、いつでしょうか？当てはまる季節の空欄に書き入れましょう。

大根・トマト・ホウレンソウ・牛蒡・ジャガイモ・サツマイモ・サトイモ・ナス・カボチャ・レンコン・人参・スイカ・ピーマン・オクラ・ゴーヤ・イチゴ・ネギ・ニンニク・ゴマ・キュウリ・ショウガ・タマネギ・ハクサイ

春が旬	夏が旬	秋が旬	冬が旬

④なぜ自分で育てた野菜を食べるといいの？

　野菜も人も、その地域の気候風土にあわせて育てられ、進化してきました。

　「身土不二（しんどふじ）＝地元の旬の食品や伝統食が体にいい」という言葉は大正時代の食養運動のスローガンだそうですが、今も「地産地消」の言葉と共によく聞かれる言葉です。筆者は、子どもの頃大正生まれの母親から、「住んでいるところの3里四方の場所で採れたものを食べよ」

と教えられました。昔の長さの単位 1 里は 3.9273km なので、東西南北 12km くらいの範囲で採れた野菜や果物・魚などを食べるといいとか、季節的な感覚から、夏は暑いのでスイカや瓜などを食べて体を冷やすとよいと考えられていたようです。今では、温室で育てられたスイカ・トマトやキュウリ、南国のバナナやキウイ、アボガド等を一年中いつでも日本のどこででも食べられますが、人間は地域の自然物と共に生きていることを覚えておきましょう。

5 畑がないから、野菜作りができないの？

多くの園では、園庭に畑があったり地域の農家のご協力を得てサツマイモなどの野菜を育てていたり、果物の収穫体験などが行われたりしています。たとえそのような土地のスペースがなくても大丈夫です。

ちょっと大きめのプランターを園庭や通路・フェンスの際に置き夏野菜やつるものなどを育てることもできます。筆者は、市街地で一般家庭の車庫の天井から直径 25cm くらいの黒い縞模様のスイカが赤い玉ねぎ袋を掛けられて吊り下がっていたり、大根が深めの発泡スチロールの箱を二つ重ねて深くし育てられていたりするのを見たことがあります。どんなことも工夫次第でできるし、できないことはないのですね。感心します。

6 どんな野菜を、どうやって作ったらいいの？

近年では家庭菜園を楽しむための本が書店や図書館にいっぱい並んでいますが、身近な野菜を作るなら、園の周りの野菜作りに詳しい人や協力してくれる専門家（農家の人、ＪＡや食生活推進ボランティアや職員の家族・知り合いなど）にお願いしてみましょう。親切に教えてくれますし、コミュニケーションが活発となりお互いに信頼関係を深めることができます。

〔ワーク3〕あなた（または周りの人）が嫌いな野菜、または幼い時に嫌いだった野菜は何ですか？

```

```

嫌いな食べ物を食べられるように工夫・改善する方法を2つ考えましょう。

（1）

（2）

7 身近な野菜を作ってみよう！

日本は南北に長い土地、寒暖の差が激しいので、野菜の種類・時期・栽培方法などは園の周りの畑のようすを参考にするとよいでしょう。畑ではなくプランターを利用する場合はプランター用の土を入れましょう。畑の土を入れると、通気性がなくカチカチになってしまいますので注意しま

しょう。

（1）カイワレ大根（アブラナ科）　家でも保育室でも簡単に、スプラ
　　　ウト栽培できます！

・トーフや牛乳パック・プリン・アイスクリームなどの空き容器に、脱
　脂綿やキッチンペーパーなどを敷いて水を入れ、種を蒔きます（パラ
　パラとふりかけのように）。蒔いてから2～3時間で種の皮が割れて
　いくので、おもしろいです。1週間～10日くらいで収穫できます。

・サラダやみそ汁、スパゲッティなどのトッピングに使えます。

・朝晩見て水やりをマメにしないと、しおれてしまいますが、水をあげればすぐに元気になります。
　（学生から「自分で育てたカイワレに愛着が湧いた」との感想もありました）

・家庭で育てると、家族間のコミュニケーション作りにもいいようです。

（2）トマト（ナス科）

・4～5月に苗（花が1つくらい咲いているもの）を植え、7～8月に収穫できます。

・大玉、中玉、プチ種（ミニ）などがあります。大玉（桃太郎など）は病気に弱く（ウドンコ病な
　ど）腐りやすく栽培が難しいです。値段の高い接ぎ木苗なら連作OKです。

・プチ（ミニ）は色や形、味もいろいろで楽しみやすく、作りやすいのですが、食べるのには丸の
　ままだと誤嚥（ごえん）しやすく、保育者の知らない間に子どもが食べないように、注意が必要です。調理
　室で切れ目を入れたり、切ってもらえば安心して食べられます。

【植え方・育て方】

・3月上旬ごろ、堆肥 $2\ell/m^2$ を入れ、60cm位のうねを作り、苗の間隔は50cm位で植えます。

・120cmくらいの支柱を添え、その高さくらいに伸びたら中心幹の先の芯を切ります。追肥は2週
　間ごとに1株に大さじ1杯ほどの化成肥料を、株から20cmくらい離れたところに置きます。・大
　玉品種は、脇芽は掻きとります（その芽を別の場所に植えてもよい）が、プチ種（ミニ）は残し
　て誘引すればたくさん実が採れます。

（3）キュウリ（ウリ科）

・4～5月に苗を植え、7～8月に収穫、または5～7月に種まきし6～9月に収穫できます。

・細長い、短め、しわが多いなど、いろいろな種類があります。日当たりを好みます。

・病気（ウドンコ病）に弱く、病気に強い台木に接いである接ぎ木苗（高価）もあります。

・キュウリは、お寿司のネタ「かっぱ」と言われているように、河童と同じでお水が欠かせません。
　根が浅く乾燥しやすいので、水やりをマメにしましょう。

・実を傷つけないように収穫しましょう。新鮮なイボイボに触ってみましょう。

【植え方・育て方】

・3月上旬ごろ、堆肥を $2\ell/m^2$ を入れ、60cm位のうね（中心に元肥として化成肥料を $100\,g/m^2$）、

苗と苗の間隔は 30 ～ 45cm 位、支柱（120cm 位）が必要です。
・植え付け時には、苗にたっぷりの水をかけるか、水を入れたバケツに苗を浸して十分に灌水させ、植え穴に入れたらかけた土を軽く押さえておきましょう。

（４）ピーマン（パプリカ・シシトウも同じナス科です）
・５月に苗を植え、７～ 10 月くらいまで長い間収穫できます。実ってきたら、毎日マメに収穫をしましょう。採れば採るほど実りがよくなります。青い状態で収穫せずにおくと赤ピーマンになり、匂いも気にならず甘みが増して意外と美味しいです。
【植え方・育て方】
・堆肥を 2 ℓ /m^2、60cm 位のうね（中心に元肥として化成肥料を 100 g /㎡を入れる）を作って、苗の間隔は 40cm 位で植えます。
・最初に花が付いた枝とそのすぐ下の枝をのばし、それより下にある脇芽は全て掻き取り、支柱 2 本を X 型に組み、幹をひもで結びつけましょう。

（５）なす（ナス科）
・４月下旬～５月中旬に苗を植え、６月上旬から収穫でき、７月下旬頃に枝を切り落とす更新剪定をすれば、８月下旬秋ナス（「嫁に食わすな」とのことわざがあるくらいにおいしい）を収穫できます。形は卵形・球形・中長型・大長型など、色は紫・緑・白・白緑など、大きさは長さ 12 ～ 13cm くらいのものから子どもの頭くらいの大きさのもの（米ナス）までいろいろあります。適期に収穫しないで置くと皮の艶が無くなり味が落ちるので「ぼけナス」となります。紫色の成分はアントシアニンといわれ、ビタミン A・C・E が豊富で健康によいとされています。日当たりのよい場所を好み、連作障害（コラム 8-1、2の⑤を参照）があるので４～５年は同じ場所に植えません。乾燥に弱いので水やりをマメにしましょう。
【植え方・育て方】
・植え付け 2 週間前までに苦土石灰を 100 ～ 150 g ばらまき、よく耕しておきます。幅 60cm 位のうね（中心に元肥として、堆肥を 3 ～ 4kg /m^2、化学肥料 100 g、ヨウリン 60 g）を作っておきます。苗と苗の間隔は 60cm 位、2 本の仮支柱（60 ～ 70cm 位）を交錯させ、下から 15cm くらいの幹を紐でしっかり結びつけておきましょう。
・株が生長し枝葉が混んできたら、主枝と側枝 2 本を残して（その他の枝と芽をハサミで切ります）支柱を 150cm のものに換え、高さ 30cm くらいのところの幹に紐を 8 の字のようにゆとりを持たせてかけて縛ります。
・植え付け後 1 カ月くらいたったら追肥（化成肥料 30 g /1m^2）と土寄せをしましょう。

（６）スイカ・かぼちゃ（ウリ科）
・スイカは、大玉・中玉・小玉、果肉が赤・黄、皮の模様や形が丸・細などがあります。

・かぼちゃは、西洋カボチャ・日本カボチャ・巨大カボチャ・観賞用カボチャなどです。
【植え方・育て方】
・5月上旬に苗（接ぎ木苗が土壌伝染病や低温に強い）を植え、7月中下旬に収穫できます。
・畑ではなく、フェンスに這わせる場合は着果したら、その実をカゴやビニール袋で吊って、ツルに重みをかけないようにしましょう。
・日当たりと排水のよいところを選び、植え付け2週間前までに畑全体に苦土石灰100～150ｇ/1m²を蒔き、よく耕します。2ｍ四方の中心に、深さ・幅とも30cmの穴を掘り、堆肥2kg、化成肥料30ｇ、ヨウリン30ｇを施します。土を戻しながら、直径40～50cm、高さ15～20cmの円錐形の山を作り、頂上に植え穴を掘ります。その穴に水をたっぷり入れて、水が引いたら苗を植えます。苗から10cmくらいの周囲にぐるりとくぼみを作り、水やりして苗の活着を促します。雑草を防いだり、病害予防や外見を良くするために敷きワラをします。本葉6～7枚の頃、ツルの先端をハサミで切り、子づる・孫づるを伸ばし、花の付きを促します。追肥は、6月中旬ごろ結実果がソフトボール大になったら株元やツルの先端に、化成肥料30ｇを置きます。
・人工授粉（交配）をします。コラム8の2．の（3）を参考にしてください。
・スイカは、受粉から35～40日くらいたったら、ヘタをハサミで切って収穫できます。
・カボチャは、受粉から40～45日くらい、ヘタの部分が枯れてきたら収穫できます。

（7）サツマイモ（ヒルガオ科）
・5月中旬～6月中旬に苗（つる）を植え、9月下旬～11月中旬に収穫できます。
・日当たり、通気性、水はけのよい砂質土を好み、生育適温は25～30℃です。
・窒素肥料が多いと「ツルぼけ」になり、いもが太らないので注意が必要です。

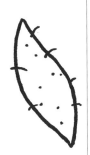

・焼き芋用には安納芋・紅アズマ・紅高系、お菓子作りにはパープルスイーツなどの紫イモ、干し芋用には紅ハルカ、黄色い果肉のイズミや白い皮の芋などがあります。
・植える時期や収穫する時期により、早生種（紅アズマなど）と晩生種があります。
・ビニール袋（肥料袋などの丈夫なもの）などでも栽培できます。
【植え方・育て方】
・うね幅60cm以上1ｍくらいのうねを作り、中心に堆肥2kg/m²と米ぬか100ｇ/m²を入れます。うねの両側から肥料の上に土をかけ高さ30cmくらいにします。うねが小さいと芋が小さいです。株間は30～40cmにします。
・種イモから伸びたツルを切り取って、芽の先が2～3節出ているように、斜め植え（45度）、舟底植えまたは直下植えなどにします。植えた後、しっかりと土を抑えておかないと枯れてしまいます。雨の多い時期なので湿り気があれば水やりしなくても大丈夫です。苗（ツル）は、買ってすぐ植えなくても、枯れてしまったかな？と思う程のものでも着くので大丈夫です。収穫は、よく晴れた日に行い、遅くても初霜の前に済ませます。
・温かい地方の植物なので、冷蔵庫に入れて保存するとすぐに腐ります。イモの腐った匂いもガスも強いですし、ガスは体によくないので吸い込まないようにしましょう。

（8）オクラ（アオイ科）　　直根性なので、畑で育てるのがいいでしょう

・アフリカ原産で、10℃以下では育たないので、寒い地域ではビニールをかけて
　土の温度を上げて栽培します。黄色い花は野菜の中で最も美しいといわれてい
　ます。

・実は星型5角形の断面が可愛いですが、丸型で長いものや紫色をしたものもあ
　ります。

・4月上旬に苗を植え、長さが7cmくらいで収穫できます。収穫時期が遅いと固
　くなり食べられなくなります。

【植え方・育て方】

・堆肥2ℓ/m² 入れ1週間前に幅40cm高さ10cmのうね（元肥として深さ30cmの溝に100g/m²の
　化成肥料）を作っておきます。株間は30cm、種まきの場合は穴に2〜3粒入れ、本葉3〜4枚
　の頃間引いて1本にします。210cmくらいの支柱を立てます。

（9）じゃがいも（ナス科）　　食育クッキングには最適です。

・2〜3月に種イモを植え、6〜7月に収穫できます。男爵系はコロッケ・ポテトサラダ・
　ポテトチップス・フライドポテト、メイクイーンなら肉じゃがやカレーなどが人気です。

【植え方・育て方】

・2月下旬〜3月上旬堆肥を2ℓ/m² 入れ1週間後に苦土石灰を100g/m² まいて土と混
　ぜます。深さ15cmくらいの溝に種イモを入れます。大きいものは縦2つに切ります（秋
　じゃがは切りません）。追肥として、イモとイモの間に化成肥料をスプーン1杯程置き
　ます。

・何本か芽が出てきたら、イモが大きくなるように、大きな芽を残して他の芽はハサミで土の中で
　切ります。追肥として化成肥料を、1株にスプーン1杯程度置きます。

・花が咲いたら摘み取ります。土からイモが出ないように、土寄せをしっかりします。

（10）タマネギ（ユリ科）

・11月中旬に苗（太さ7〜8mmがよい）を購入し植え、早生種は5月中旬〜晩生種は
　6月上旬に収穫（茎が倒れたら）できます。畑での栽培がお勧めです。

【植え方・育て方】

・植え付け1週間前に、堆肥2kg/m²、ヨウリン60g/m² を施してよく耕します．

・高さ10cm、畝幅60cmの畝に2列植え、10cm間隔で根の部分を2〜3cmくらい埋め
　ます。根元は軽く抑えておきましょう。

・2月上旬と3月上旬の2回、化成肥料30g/m² を株元に置き、土寄せをしましょう。

・収穫後保存する場合は根を切り、茶色い皮をとり束ねて吊るし乾燥させます。

（11）トウモロコシ・ポップコーン用も（イネ科）

・4月に種まき、5月に苗を植え、7〜8月に収穫できます。
　いろいろな種類を近くに植えないで1種類だけ植えます。（交配が混同してしまうため）
【植え方・育て方】
・1本だけまたは1列だけでは交配が上手くできない（実（粒）が少ないか全く実りません）ので、必ず2条植え（30cm間隔）にします。1本の木に実は1つ実らせ、小さいものは小さいうちに採り、ヤングコーンとして食べます。スイートコーンなど甘みの多い種類は、収穫時期が近くなったら、カラスやヒヨドリに食べられないように、ネットを掛けて実を守ることが必要です。

(12) アボガド
・食べられる果実はできませんが、観葉植物のように育ててみるのも面白いです。
・12月〜1月頃に鉢に1つ、種のとがった部分を上にして蒔き、観察してみましょう。

(13) 大豆（マメ科）　　日本食の源、王様といえるでしょう
・大豆を若いうちに食べるのが枝豆です。　4〜5月に種まき、7〜8月に収穫できます。
・収穫時期によって、早生種・晩生種があり、味噌・醤油・豆腐の他に卯の花料理や菓子・きな粉などとして幅広く活用されている重要なタンパク源です。
【植え方・育て方】
・2月下旬〜3月上旬に堆肥を2ℓ/m²入れて準備し、種まきの1週間前に化成肥料50g/m²を入れて、60cm幅の畝に20cm間隔で2粒ずつ入れて土をかぶせます。（花がかわいい）

8 食育こそ、自主・自立の心を育て、健康な体を作ります

　「自分で野菜を育てたという達成感」と「それをみんなで食べるという満足感」は最高の体験です。大好きな先生や仲よしの友だちと味わった美味しいの経験は、人生の中の一瞬の出来事ですが、正にこれからの人生100年を生きていくための、《知識・技能》《思考力・判断力・表現力等》《学びに向かう力・人間性等》を育てる大事な基礎になっているのです。
　このチャンスを逃さずに捉えられる保育者を目指して楽しい保育をいたしましょう。

【参考文献】
いただきますごちそうさま編集部（2015）『子どもと楽しむ初めての栽培』株式会社メイト
藤田　智（2007）『野菜づくり大図鑑』講談社

コラム 8 -1 ：収穫したもので、オリジナルレシピづくり！＆クッキング

　保育は、子どもが人として生きる社会生活そのものですから、「自分の手で育てたものを、自分で収穫しみんなで調理し、みんなで食べる」という自給自足の自立体験はとても大切です。収穫できるまでには、たくさんの日数と時間、工夫や手間暇・みんなの力が合わさっていることを子どもたちは知っています。それらの経験の集大成としてクッキング保育をして満足感・達成感を共感しながら大人も子ども食べることができれば最高ですね。

　採れたものを調理室にお願いする場合は、職員会議で打ち合わせをしたうえで、子どもが調理者に自分の言葉で説明し、野菜を渡してお願いする経験をさせることも重要なポイントです。

　最近は、衛生的な観点からクッキング保育が制約され子どもたちの感動経験の機会が少なくなってきているようです。コンビニ弁当や既成のインスタント食品の味でなく、本物の素材の味や自分の手で作りだす自分好みの味をいつでも味わうことを身につけるには幼児期しかありません。園の食育が家庭のおかずのあり方の指標になるよう身近な手作りの味を伝えていきましょう。

[1]収穫の喜びを味わう（レシピなしでもOK）
（1）そのまま食べてみましょう（無農薬であることが前提です）
・水洗いしてから食べます。野菜本来の色・匂い・自然の甘さがわかります
　（スイカ・プリンスメロン・金子瓜・キュウリ・イチゴ・サクランボ・トマト・スナックえんどう・リンゴ・みかん・ぶどう・柿・桃・なし・さくらんぼ・イチジクなど）
・しその葉などの苦さを体験してみるのも一案かもしれません
（2）触ってみましょう
・キュウリのイボイボの感触やなすのつやつや感、かぼちゃの量感などがわかります
・トマトやスイカの温かさ、太陽の力・恵みなどが感じられます
（3）収穫してもすぐに食べられないものもあります
・キウイフルーツは11月20日頃収穫して、菓子箱などに並べ中心にリンゴを置き密封の上、3週間置いて熟成させます

[2]一般的な料理（レシピなしでもOK）子どもたちにできることはさせましょう！
（1）サラダに入れて味わいましょう
・キュウリやトマト、レタス・トウモロコシ・さやえんどう・にんじん・ヤングコーン・かいわれ大根・オクラ・青しそ・キャベツ　などを利用し、トウモロコシの皮むき、さやえんどうの筋とり、収穫したものの数を数えるなどができます
（2）ゆでる・蒸す・焼くなどしてそのものの味を味わう
・トウモロコシ・サツマイモ・大豆・ジャガイモ・サトイモ・さやえんどう・ピーマンなどを利用し、材料を洗う、数える、揃える、待つ、片づける、運ぶなどができます
（3）みそ汁・豚汁・カレー・シチュー・煮込みなど鍋物

・ジャガイモ・大根・人参・サトイモ・玉ねぎ・ネギ・白菜などを利用し、洗う、数える、比べる、揃える、待つなどに加えて、切るなどができます（子ども向けの包丁）

③保存食（レシピ）
（1）干し芋づくり（天気予報を見て3～4日晴天が続き風が吹く時期＝静岡県では12月から1月頃に行います）
①サツマイモを洗う（子どもの仕事）
②サツマイモは十分にやわらかくなるくらいに蒸かします
③熱いうちに芋の両端を料理バサミで3～4ｃｍ切り落とします
④薄皮（赤い皮）を剥きます
⑤その下の肉質の芋の色の部分の皮も洋食用のナイフなどで削ぎ落します
⑥包丁で8ミリから1cmくらいの厚さに切りながら1枚ずつネットに広げます
　＊ネット（ファスナー付き）は市販されている既成の乾燥物用のもの（3段）を使います大量の場合は、大きな竹製のザルか専用の90cm四方の網などを使います
　＊2～3日干したら一枚づつ裏返す（子どもの仕事）
⑦手にベトベトと付かないくらいに乾燥したら出来上がりです

（2）切干大根（天気予報を見て3～4日晴天が続き風が吹く時期に行います）
①大根を洗う（子どもの仕事）
②5～6ｃｍの輪切りにします（子どもの仕事）
③皮を剥く（カツラむきのようにします。新鮮な大根は滑りやすいのでケガに気をつけましょう。ピーラーを使ってもよい）
　＊皮は捨てないで、きんぴら風の味付けなど他の料理法にして活用しましょう
④千切りにし、3段のネット（ファスナー付き）に広げて日に当て乾燥させます（子ども）
　＊少し厚くても不揃いでも長くても短くても、乾燥して縮めば大差はありません
　＊大根が細い場合は、皮をむかずに丸のままスライスして干すこともあります
　＊切干大根は、・生の大根よりも栄養価が高まります
　　　　　　　・冷蔵庫に保存（ビニール袋でOK）すれば1年間使えて便利です
　　　　　　　・みそ汁などには水に戻さず使います
　　　　　　　・水に戻して使う場合は、水に栄養分が出るので捨てないで使います
　　　　　　　・煮もの、サラダ、和え物など、何にでも使えます

（3）その他、梅干し・味噌作り・サトウキビの黒砂糖（黒蜜）作りを行う園もあります
　　＊着色料なし、太陽光による乾燥、人工甘味料なしの食品は絶品。最高の脳を作ります

コラム8-2：栽培や収穫で気をつけたいこと！

1 ワクワクドキドキしながら、試してみよう！

　栽培・収穫することは自然との対話です。天候・気象の影響力が大きく、毎年新しいことへの挑戦で、成功したり失敗したりしても問題外です。仮に人間の失敗があってもそれは私たちに事実を正直に教えてくれているのですから、誰のせいでもなく大きな学びとなり、たいへん有り難いものです。またやってみましょう。

　＊エピソード：オクラの収穫の頃、小さなオクラの樹に初めて1個の実がなり、ハサミを持って採りに行った保育士が「園長先生、オクラだけじゃなく幹も切っちゃいました！」と戻ってきました。「あらら、じゃぁ、ダメもとでガムテープでも巻いておいたら？」と答えました。どうなったかって？オクラの皮一筋の軸が、うまい具合に繋がってその後も活きていきました。自然の力は頼もしいですね。懐かしい思い出です。

2 人にも植物にも、育つためにちょうどいい時期と条件があるのです

　植物は適切な時期と条件（光・水・土）があって育ちます。条件を整えましょう。

（1）何を育てたいのか？

①種を買うには

　・種を買う前に「今から蒔くには何がいいのか？」をお店の人に尋ねましょう。

　・種の袋の裏には、種まきする時期・適切な土壌・日当たりの程度や育て方が簡単に書かれています。日本は南北に長いので寒暖の差が激しいため自分の住んでいる土地が寒冷地か温暖地か高冷地かを把握して確認しましょう。

②種を蒔くには

　・種は、適切な時期・成分の土壌・光や温度の3つが揃った場合に芽が出ます。オクラやゴーヤなど南方の温かい土地のものは、気温や地熱が上がらないと発芽しません。固い種は2～3日水に浸しておいたり、温室やビニール掛けをしたりして蒔きます。

③苗を選ぶには

　・野菜苗は、4月ごろ店頭に出始めます。種類も数も豊富な時にいい苗を選びましょう。

　・何でもお店の人に尋ねてアドバイスをもらいましょう。

④苗を植えるには

　・陽当たりのよい場所に植えましょう。野菜にとって重要な要素です。特に、落花生は日当たりのよい土地・場所でないと花も咲かずに実りません。

⑤連作障害にならないように植える場所を決めましょう

　・同じ野菜や同じ科の野菜を同じ場所で育てると土壌病虫害が起きやすく要素欠乏などにより生育不良になったりします。野菜によっては2～3年は避けた方が良いといわれるものもあります。（落花生・さやえんどう等）輪作計画を考えて植えましょう

　　性質の異なった作物を計画的に組み合わせ、一定の順序で循環的に同じ土地に作付するのが

　　お勧めですが、場所にゆとりが必要となります。
　⑥周りの作物との日照関係・相性も考えましょう
　　・生育後の作物の高さやツルの拡がり面積や繁茂の力関係を予想して、隣の作物に負けてしま
　　　わないように組み合わせましょう。ネギ・ニラ・ラッキョウなどは背丈が低いものなので、
　　　サツマイモやカボチャなどのツルの勢いが強いものの隣にあると負けてしまいます。
　　・トウモロコシ・サトイモなどは丈が高く隣の野菜は日陰となります。
　　・ナスとトマトはナス科同士なので去年と同じ場所または同時に隣に植えないようにしましょ
　　　う。大豆と黒豆はマメ科同士なので離れた場所に植えます。
　（2）育て方（野菜の特質に合わせて適切に行いましょう）
　　①水やり　　水が欲しい時期と、与えない方がいい時期があります。
　　②肥料　　　窒素・リン酸・カリウムの3要素が必要または不要なものがあります。
　　③垣根　　　ツルものや、丈が高くなるものは、支柱や垣根で支えます。
　　④敷き藁　　イチゴやカボチャには欠かせません。ナメクジの害から守ります。
　（3）交配
　　かぼちゃ・スイカなど夏野菜の瓜類は花が咲いたら、おしべの花粉をめしべに付けて受粉するの
　を手伝ってあげる必要があります。これをしないで蜂や虫に任せておくといい瓜は採れません。雄
　花も雌花も一日しか咲きませんし、交配に適した時間は午前9:00 ～ 11:30頃までです。12時頃に
　なると花弁が内向きになりしぼんで、交配されためしべを守るために夕方には閉じてしまいます。
　雄花はたくさん咲きますが、雌花（花の軸に小さな果実）は少ないので大事です。交配した日を書
　いた紙を雌花の軸に巻きつけておくと収穫の時の目安になります。農家の人が毎日畑を見周りする
　理由がわかるでしょう。
　◎交配の仕方：雄花（花の軸に実がない花）を摘み取り、花弁をぐるりと取って黄色い芯だけにし
　　て、雌花のめしべ全体に花粉を付けます。（プリンスメロン・金子瓜はとても実どまりがいいの
　　で交配の必要はありません）
　（4）収穫
　　収穫の時期の判断は、カイワレ大根・オクラなどはスーパーで売られているものより少し小さめ
　の頃に収穫します。枝豆・さやえんどうなどは莢の膨らみ具合、大根・人参などは地表に出ている
　部分の太さなどで判断しジャガイモは茎葉が黄色くなってきたらOK、サツマイモは1株掘ってみ
　て確認します。収穫後太陽に当てると甘みが増します。ジャガイモは太陽に当てると緑化が起こり
　美味しくなくなります。

　③園で収穫する野菜は無農薬で育て、添加物・保存料のない調理法で食べられるようにして健康な
　　体作りにつとめたいものです

　④慣れない道具を使ってケガをしないよう道具の置き場所・扱い方に注意しましょう

第9章
いろいろな生き物を
飼育してみよう

　この章では、いろいろな生き物を飼育することの意義について考えます。保育内容「環境」では、小さな動く生き物を「小動物」として扱っています。小動物と聞くと、うさぎやにわとりをイメージしますが、ここでは昆虫も含んでいます。子どもにとっては、園庭や公園で出会い、自分の力で捕まえることのできる昆虫のほうが、より身近な生き物といえるからでしょう。では、子どもが小動物と関わる中で、どのような学びや経験を得るか、また園の飼育活動に適した小動物について考えてみましょう。

1 子どもと生き物との関わり

（1）絵本にも登場する小動物たち

　2020（令和2）年11月25日の朝日新聞に、「『いないいないばあ』700万部突破」という記事があります。記事には、1967（昭和42）年に刊行された『いないいないばあ』が、国内で発行されている絵本の中で、初めて発行部数700万部を超えたという内容が書かれています。この絵本の表紙にはクマが描かれており、ページを開くと、かわいらしいネコやキツネ、ねずみなどが次々と登場します。

　さて、絵本の国内総売り上げの第1位がこの『いないいないばあ』で、2位は、『ぐりとぐら』、3位は『はらぺこあおむし』と続きます。これら売上部数の上位3位は、みなさんの中にも、子ども時代に読んでもらったことがある人が大勢いるのはないでしょうか。『ぐりとぐら』は、野ネズミが主役であり、絵本の中にもたくさんの小動物が登場します。また、『はらぺこあおむし』は、タイトルの通り、あおむしが主役です。このように、小動物は、赤ちゃんのころから親しみを込めて関わることのできる存在として取り扱われているといえます。この上位3位だけでなく、他にも小動物が登場する絵本は数多くあります。まず、インターネットを使って、いくつか探してみましょう。

〔ワーク1〕小動物が登場する絵本を探してみよう。

どのような絵本が出てきたでしょうか。調べてみると、小動物が擬人化されてストーリーが展開するもの、科学絵本といって小動物の生態について描かれているものなど、その数の豊富さに驚いたのではないでしょうか。絵本からもわかるように、子どもにとっての小動物とは、身近な存在であり、興味関心を惹き付ける魅力をもったものといえます。

（2）知的好奇心を育む生き物との関わり

夏の一大ブームといえば、セミ捕りです。子どもたちは虫かごと網をもって、園庭にでかけ、試行錯誤しながらセミを捕まえます。初めは、必死になってセミを捕まえますが、何匹か集まった時点で、羽が茶色のセミ（アブラゼミ）と透明のセミ（クマゼミ）がいることに気づきます。また、捕まえたセミの足の数を数えてみると、6本あります。別のセミの足も6本。いろいろなセミを捕まえて数えてみても足は6本です。子どもから、足の数を数えてみようとすることは少ないかもしれませんが、保育者が「この虫の足は何本あるんだろう？」と問いかけると、子どもは数えてくれます。試しに、アリやトンボ、チョウチョの足も数えさせてみましょう。すると、これらも6本足です。昆虫の体は、頭部・胸部・腹部の3つの部分から成り立ち、胸部から6本の脚が生えていることが特徴です。腹部には食べたものを消化する消化器官や気門とよばれる呼吸をする部分があります。気門は、人間の口や鼻の部分にあたりますが、昆虫の場合、胸やおなかの部分にあるので、子どもに「昆虫は、おなかで息をしているんだよ」と教えると「くちで、いきをしてないの？」と不思議がって、おなかにある小さな黒い点のような穴を見つけようとします。

このように、羽の色や足の数、身体の形状や仕組みに興味をもたせることで、子どもの知的好奇心をくすぐることができます。知的好奇心には、はっきりとした目的や方向性をもたず、幅広く情報をもとめる欲求である「拡散的好奇心」と、既存の知識に矛盾や空白があった時、それについて理解を深めたいという欲求である「特殊的好奇心」があります。たとえば、先ほどの足の数の話について、子どもは、昆虫が6本足であるという定義は知りません。そこで、クモやダンゴムシの足も数えさせてみます。すると、クモは8本足、ダンゴムシに至っては14本足です。（ちなみに、ダンゴムシの赤ちゃんは12本足です。）「なぜ、クモやダンゴムシは、6本足ではないのだろうか？」と考え始めることが特殊的好奇心の芽生えだといえます。この特殊的好奇心を子どもの心の中で育てることが、科学的思考の基礎をつくることにつながります。

（3）仮想現実で生き物を育てること

みなさんは、「たまごっち」という携帯用ゲームをご存知でしょうか。「たまごっち」は、1996（平成8）年にバンダイから発売され、全世界で8,200万個の売り上げをあげた有名なゲームです。画面に登場する「たまごっち」と呼ばれるキャラクターにえさを与えたり、フンの掃除をしたり、そのキャラクターと遊んで育てていくゲームです。こまめにコミュニケーションを取ることで、ある程度の時間が経てば「にょろっち」や「おやじっち」といった個性豊かなキャラクターに変身します。育てる中で、えさを与えなかったり、フンの掃除をしないと、機嫌が悪くなり、最悪の場合は死んでしまうこともあり、生き物を育てているという感覚を味わえることから、子どもから大人ま

で「たまごっち」を育てることが一大ブームになりました。

　この「面倒を見なければ死んでしまう」という現実的な感覚の一方で、たまごっちはゲームであり、リセットボタンを押せば再開できるという機能もついています。そのことで、一部の識者からは、リセットボタン機能への批判がされました。現実世界で生き物を育てた場合、呼吸をせず、身体が動かなくなった時点で、生き返ることはなく、お別れをせざるを得ません。ナギー（1948）は、3～10歳の子どもを対象とし、「子どもは死をどう捉えるのか？」という研究をしました。その中で、3～5歳は、死が逆戻りできないこと、身体機能の停止が死であることを理解できないと結論づけました。子どもは「死んだ人が目を覚ます」、「電池が切れたおもちゃのように再びもとに戻せる」と考えるとしています。5～9歳になると、死を擬人化して捉えるとしています。「家族みんながお母さんと仲良くしているから、お母さんは死なない」という捉え方です。つまり、子どもは死を受容しにくいのです。

　現在では、よりリアリティを感じられるゲームが開発され、たとえば、ＶＲ（バーチャルリアリティ）はコンピュータ上に作られた仮想的な世界を現実のように体験させる技術であり、人間の五感を刺激する工夫が数多くなされています。こうした仮想現実の技術は、これからも進展し続けると考えられています。さて、仮想現実で生き物を育てる「ペット育成シュミレーションゲーム」は昔から根強い人気です。この育成ゲームを子どもがすることについて、あなたはどのように考えますか。以下に書いてみましょう。

〔ワーク2〕仮想現実で生き物を育てる「ペット育成シュミレーションゲーム」を子どもがすることについて、あなたはどのように考えますか。

②生き物を飼育することの意義とは

（1）園における飼育活動の意義とは

　現代では都市化が進み、マンション暮らしになると家庭生活の中で生き物を育てることが難しいです。そのため、園での飼育活動は、子どもにとって生命と関わることができる貴重な体験となります。中川（2006）は、乳幼児期における動物飼育体験の意義として、次の8つをあげています。

動物飼育体験の意義

① 命の大切さを学ぶ
② 愛する心の育成を図る
③ 人を思いやる心を養う
④ 動物への興味を養う
⑤ ハプニングへの対応ができるようになる
⑥ 疑似育児体験ができる
⑦ 緊張を緩める効果がある
⑧ 動物との接し方で子どもの心がみてとれる

出典：中川美穂子（2006）「全国学校動物飼育研究会：学校・園での動物飼育の成果」緑書房、p.3

　小動物を飼育する過程においては、自分の与えたえさを食べる姿を見て「かわいいな」と思ったり、逆にえさを食べなければ「どこか具合が悪いのかな？」と心配になったり、フンの片付けをした後、動物が気持ちよさそうにくつろいでいる様子をみて、「これからも綺麗にしてあげたいな」といった、さまざまな気持ちが芽生えます。また、自分に懐かなかったり、思う通りに動いてくれなかったりした場合、悲しい気持ちになったり、腹が立つといった葛藤体験も味わえるなど、子ども自身が自分のさまざまな感情と向き合うきっかけとなります。飼育に際しては、小動物が病気になったり、けがをしたりすることもあります。こうしたハプニングは、子どもの育ちの機会として捉え、どうしたら病気がよくなるのか、けがをした状態での飼育環境をどのように整えればよいかなど、子ども同士での話し合い活動をさせてみましょう。命がかかわることですから、子どもは切実に話し合い活動に参加をし、それぞれが真剣に考えて、答えようとする姿が見られます。自分よりも立場の弱い生き物の世話をすることで、思いやりのある心を育てることもできるでしょう。

　「幼児期の終わりまでに育ってほしい姿」の中に、「(7) 自然との関わり・生命尊重」の項目があります。内容には、「自然に触れて感動する体験を通して、自然の変化などを感じ取り、好奇心や探究心をもって考え言葉などで表現しながら、身近な事象への関心が高まるとともに、自然への愛情や畏敬の念をもつようになる。また、身近な動植物に心を動かされる中で、生命の不思議さや尊さに気付き、身近な動植物への接し方を考え、命あるものとしていたわり、大切にする気持ちをもって関わるようになる」と書かれています。このように、乳幼児期における身近な動植物との触れ合いは、大きな意味をもっているといえます。小動物の飼育をしながら、生き物の成長を喜んだり、触れたり、聞いたり、においを嗅いだりしながら世話をすることは、豊かな人間形成の基礎を培うことにつながります。

（2）園の飼育活動に適した小動物とは

　園では、さまざまな小動物を飼育しています。昔から園で飼育してきた小動物の他、子どもたちが捕まえてきた昆虫などを飼育する場合があります。園の飼育活動に適した小動物には、次の5つの条件があります。

　1つ目は、子どもが自分から進んで世話ができるものです。たとえば、小鳥の世話では、えさや

水やり、フンの片付けなどをします。自分から世話をすることで、生き物に対する愛着が湧いてきます。また、当番活動に飼育活動を入れておくと、クラス全員の子どもが定期的に観察をする機会を得ることができます。だだし、当番活動の場合、単なる作業になってしまうことがあるため、時折、保育者が「小鳥さん、野菜も食べるんだよ、どんなお野菜を食べるか調べてみようか」と子どもに考えさせたり、「○○ちゃんが、きれいに掃除をしてくれたおかげで、小鳥さん、気持ちよさそうにしているね」と声をかけることで、自発的な活動になるように援助する必要があります。

　2つ目は、見るだけでなく、抱いたり、さわったりできるものです。たとえば、うさぎは見た目が丸く、フワフワとした毛に覆われています。実際にさわってみると、毛が柔らかく体温を感じることができます。頭を撫でてやると、機嫌が良いときは「ぶぅぶぅ」と言ってくれることもあります。逆に、うさぎの機嫌が悪い時は、足で地面を「ダン！」と蹴飛ばして不満をぶつけます。そうした様子を観察しながら、言葉の通じない動物との関わり方を学ぶことができます。

　3つ目は、生命の循環性を感じられるものです。カブトムシは良い教材といえます。6月頃に土から出てきて、メスとオスが出会い、7月頃にメスが卵を産み始めます。メスの成虫は、一生のうちに20〜40個程度の卵を産みます。7月下旬頃になると、卵から幼虫が孵化しはじめ、8月中旬になると幼虫の大きさは2cm程度になります。その後、秋冬を越し、5月頃からサナギになって6月頃に出てきます。比較的簡単に飼育することができるため、繰り返される生命活動を身近に感じることができます。

　4つ目は、危険や害毒を与えないものです。たとえば、ヘビの飼育はどうでしょうか。ヘビが獲物を見つけてから噛みつくまでに要する時間は0.048〜0.084秒であり、哺乳類の反応速度を超える速さです。補食場面を観察したくても、人間の目で追うことはできません。また、温度を感知して補食するため、子どもの手に噛み付く恐れもあります。園での飼育に適したものとして、おとなしく、捕まえやすいイモリがいますが、イモリは毒性の分泌液を出すので、さわった後には必ず手を洗う必要があります。

　5つ目は、科学絵本や想像力を豊かにする絵本に登場するものです。子ども自らが飼育動物を調べたいと思った時、図鑑で調べることも大切ですが、文字が読めない子どもにとってはハードルが高い場合があります。絵本であれば、絵と文字が対応しており、大人が絵本の読み聞かせをすることで、興味関心をもたせることができます。また、科学絵本の具体例として、『たんぽぽ』、『ちょうちょはやくこないかな』、『からだのなかでドゥンドゥンドゥン』、『ぼく、だんごむし』、『しっぽのはたらき』などがあります。どれも有名な絵本ですので、一度、手に取って読んでみてください。

　以下は、園で飼うことができる代表的な小動物の一覧をまとめたものです。この一覧を見せると、学生から「園でヤギを飼うの？？」という驚きの声があがったことがあります。地域性に左右されることがありますが、たとえば、沖縄県はヤギ料理が有名で、石垣島や西表島などに行くと、ヤギが道路を歩いて道草を食べている光景を目にします。ヤギと人間が共に暮らす生活文化が、そこにはあるからです。では、小動物の一覧を見ながら、自分でも飼えそうなもの、飼ってみたいと思う小動物を選び、どのような飼育環境（エサの種類、育てる場所、育てる際の留意点）を整えればよいかについて考えてみましょう。

【園で扱われる代表的な小動物の一覧】

哺乳類：ウサギ、モルモット、シロネズミ、ゴールデンハムスター、ハツカネズミ、ヤギ

鳥類：ニワトリ、アヒル、ジュウシマツ、カナリヤ、セキセイインコ、ブンチョウ

爬虫類：クサガメ、イシガメ、ヤモリ、ニホントカゲ

両生類：アマガエル、トノサマガエル、オタマジャクシ（ショクヨウガエル等）、イモリ

魚類：キンギョ、メダカ、コイ、フナ、タナゴ、ドジョウ、ブラックバス

甲殻類：アメリカザリガニ、サワガニ、オカヤドカリ

貝類：タニシ、カタツムリ、ナメクジ

昆虫類：アオムシ（モンシロチョウ、アゲハチョウなどの幼虫）、シャクトリムシ、カイコ、バッタ類、
　　　　スズムシ、コオロギ、カブトムシ、クワガタムシ、アリ、テントウムシ、キリギリス、イナゴ、
　　　　セミ、カミキリムシ、ミズスマシ、ゲンゴロウ

多足類：タマヤスデ

〔ワーク3〕どのような飼育環境を整えればよいか、考えてみましょう。

①飼育してみたい小動物

②エサの種類

③育てる場所

④育てる際の留意点

（3）園における飼育活動の実際

　園における飼育活動には、3つの活動のパターンがあると思います。1つ目は、子ども自身の興味関心から、小動物に関わろうとする場合です。園で扱われる代表的な小動物として、ウサギ、ニワトリ、アヒル、カメ、ハムスター、金魚などがあげられます。子どもが、どの小動物に対して興味関心をもつかはそれぞれであり、カメのように、あまりは激しく動かない生き物に興味を持ち、じっくり構える子どもいる一方で、アヒル、ニワトリのように大型で動き回るものに興味を持つ子どももいます。事例として、A幼稚園では、ニワトリを園庭にて放し飼いのような状態で飼っていました。ある日、3人ぐらいの子どもがニワトリを気に入り、抱きかかえたり、追っかけたりしていました。ニワトリは、子どもたちに追いかけられるので、必死に逃げ回っています。面白そうにしている中で、捕まえられたニワトリが苦しそうに羽をバタバタとしている姿を見て、1人の子どもが「やっぱり、やめよ！ニワトリ、かわいそう」と言い出しました。その言葉を聞いて、2人の子どもはニワトリを離してやりました。実際にニワトリと関わることで、苦しそうやかわいそうと

いった感情が心に芽生え、自分の行動に変容をもたらした事例です。

　2つ目は、当番活動で小動物と関わる場合です。当番活動は、クラス全員が行うものであり、子ども自身が園で飼育している小動物に興味関心をもっていなくても、お世話をすることになります。小動物のお世話係りになった子どもは、保育者と一緒に動物小屋の掃除をしたり、餌を与えたりします。事例として、B保育園では、アヒルを飼っていました。アヒル小屋の掃除では、小屋の中のフンを水で洗い流し、刻んだ新鮮な野菜や水鳥用のペレットを容器に入れるなど、結構手間がかかりますが、お世話係りの子どもは皆が一所懸命に取り組みます。子どもは、綺麗になった小屋をみて、「これできれいになったね」と満足そうに保育者に話しかけ、保育者も「アヒルさん、喜ぶね！」と返すなど、子どもが生き物を愛おしむ場面に何度も出会うことができます。こうした当番活動のように、初めは子ども自身が興味関心をもっていなくても、継続的な小動物との関わりを通して、小動物に対する愛着を芽生えさせることができます。

　3つ目は、子ども自身が昆虫採集をして園で飼育する場合です。①－（2）知的好奇心を育む生き物とのかかわりにて、「特殊的好奇心を子どもの心の中に育てることが、科学的思考の基礎をつくることにつながります」と述べました。虫取りは、子どもが大好きな遊びの一つですが、採集だけでなく飼育することによって、「何を食べるのか」「どういった環境を整えてやるべきか」といった生態に関する興味を引き出すことができるだけでなく、虫かごに入れて、じっくりと虫の形や動きをみることで観察力も身に付けることもできます。子どもの興味関心をさらに高めるためには、保育者の関わりが必要になります。たとえば、保育者が科学絵本などをもちいて生態を調べることを子どもに提案すれば、「もっと他の虫のことも調べてみよう！」という意欲にもつながり、クラスの中で昆虫博士が誕生するかもしれません。このように、飼育活動を通して、科学的思考の芽生えを培うことができます。

　最後になりますが、子どもの学びにつながる飼育活動を行うためには、保育者自身が生き物の生態に興味をもつことからはじまります。かつて、幼稚園教員採用試験に「カブトムシは日の当たるところで育てると良い、○か×か」といった問題が出題されたことがあります。正解は、「×」です。この問いは、単にカブトムシの生態を問うているわけではなく、背景には、保育者自身の自然体験があるかどうかが問われています。カブトムシを捕まえるには、昼間にくぬぎの木が生えている雑木林へ行き、傷をつけた木にはちみつなどを塗っておきます。夜中に、その木のところに行くと、運が良ければカブトムシやクワガタ、カナブンなどを見つけることができます。こうした自然体験があれば、上記の問題を間違えないでしょう。この機会に、何か小動物を飼育してみてはいかがでしょうか。

【参考文献】

Nagy, M（1948）"The child's theories concerning death."Journal of Genetic Psychology73、pp.3-27
中川美穂子（2006）『全国学校動物飼育研究会：学校・園での動物飼育の成果』緑書房、p.3
厚生労働省（2018）『保育所保育指針解説』フレーベル館
文部科学省（2018）『幼稚園教育要領解説』フレーベル館

コラム9-1：近くにあるビオトープを見学し、生き物を探そう

　みなさんは、虫は好きですか。アリは、どうでしょう。ダンゴムシは、テントウムシは。カブトムシは。また、カエルとかカタツムリは好きですか。もしかすると、あまり好きではないかもしれません。幼稚園の教育実習の場面で、ある実習生が、子どもからカエルを見せられて「キャー」という悲鳴をあげて、逃げ出した場面を見たことがあります。このあとの展開は読めますか。そうですね、子どもは逃げる先生を追っかけることが大好きですから、カエルをもって、悲鳴をあげて逃げる実習生を追っかけまわしました。

　でも、よくよく思い出してください。子どものころは、けっこう好きだったのではないでしょうか。筆者は、ある幼稚園で仲良くなった男の子から、「秘密の場所を教えてあげる」と言われ、手を引かれて、ついていきました。そして、子どもが少し大きめの石を持ち上げると、そこはアリの巣だったらしく、アリがたくさん生息していました。その子にとって、アリがたくさん生息しているその場所は大切な場所だったのでしょう。

　みなさんの中には、現在は虫とかカエルが苦手な人も多いと思います。子どものころは、上述の子どものように、虫とかカエルとかが好きだったのではないでしょうか。子どものころ、わざわざオタマジャクシをもらいに行った人はいませんか。林の中に、カブトムシを取りにいった人はいませんか。川にザリガニを取りに行った人はいませんか。

　子どもと関わるときに、ご自身の子どものころを思い出してほしいと思います。子どもと同じように、虫大好き、カエル大好きとはなれないかもしれませんが、子どもの気持ちに近づけると思います。ビオトープというのは、上記にあげたような生き物が、適切な環境の中で生息できる場所です。現在では、カブトムシが生息するに適した林も都会ではみかけられなくなり、また、秋にスズムシの声を聴くことも珍しくなってしまいました。上記にあげた、種々の生き物が生息できる場所のことと、その生態系そのものを指すこともあります。

　ビオトープという生態系の中では、直物や土、そして水や空気なども環境を構成しています。水が汚れていれば、オタマジャクシもメダカも生息することができません。その生態系の中で、自分の好きな生き物を捉え直すことができるのです。

コラム9-2：虫探し体験をしてみよう！

　虫との出会いは、子どもにとってどのような時間なのでしょうか。まず、下の事例をみてみましょう。

> 〔事例1：2歳男児〕プランターの下にダンゴムシを見つけ小さな手でつかまえようと地べたに座りこんでいます。何度か挑戦して、やっとつかまえたダンゴムシ。逃がさないように手の平をすばやく握りしめてから、そっと手を開きました。丸まっていたダンゴムシが、また動きはじめると「くすぐったいなぁ〜」と言いながらダンゴムシの動きをじっと見ていました。
>
> 〔事例2：5歳男児〕トンボやバッタを捕ることに夢中です。園庭で毎日のように虫を捕まえ、虫かごに入れ観察しています。この日は、枝のような形のナナフシを見つけ、木の枝とナナフシを見比べていました。

　このように、園庭や散歩の際に出会う虫は、子どもにとって非常に身近な生き物です。大人より目線が地面に近い子どもたちは、動く虫をすぐに見つけます。アリやダンゴムシ、テントウムシなどの小さく触れ合いやすい生き物だけでなく、カブトムシやセミ、クワガタ、トンボなどの比較的大きく、触れたり捕まえたりすることが難しい虫を探すことも大好きです。

　では、この虫探しをより楽しくわくわくする時間にするためのヒントをいくつかご紹介しましょう。まず、虫についてよく知るために、下のような絵本や図鑑などを活用するとよいでしょう。例えば、事例のように特定の虫と出会い、親しみを感じる様子が見られたら、その虫に関する絵本を読んでみるとよいでしょう[1]。ダンゴムシはどんなものを食べ、どのような場所にいるのか知ることができます。また、虫たちが自分の身をどのような作戦で守っているのかということや[2]、身を守る手段でもある「音」の世界についても絵本で知ることができます[3]。子どもの興味や関心に応じて、絵本や図鑑などを活用しながら、虫の生態を知るとより虫探しが楽しくなるでしょう。

　虫かごや虫捕り網、虫めがねなどの道具を用意するのも効果的です。このような道具があるとセミやバッタ、トンボなど比較的大きい虫や動きがすばやい虫を捕まえ、じっくり細部まで観察することができるようになるでしょう。

【参考文献】
1）得田之久文、たかはしきよえ絵（2003）『ぼくだんごむし』福音館書店
2）宮武頼夫文、得田之久絵（1996）『むしたちのさくせん』福音館書店
3）高梨琢磨・土原和子文、福井利佐絵（2019）『むしたちのおとのせかい』福音館書店

第10章
日本における年中行事や
国民の祝日を知っておこう

　　第10章では、『年中行事』や『国民の祝日』についてその意義を学びます。保育者になると、園の年中行事にふれることがたくさんあります。しかし年中行事の由来や風習を知らない子どもたちはたくさんいるのです。みなさんは保育者になったつもりで、年中行事の大切さ、国民の祝日とはどのようなものかを伝えていってほしいと願います。また理解を確かめるためにも、章末にあるワークにも積極的に取り組んでみましょう。

1 「年中行事」って何だろう？

　　みなさんは、「年中行事」という言葉を聞いたことがありますか。私たちの祖先が暮らしていたころから残されている季節と時間の経過のことといえます。そのため私たちに残してくれた財産のようなものです。日本には暦というものが存在していませんでした。ですからおとなりの中国から暦が伝わることで、太陽や月、星、温度、草花や生き物にいたるまで自然の移り変わる姿を見て、季節の変化などを感じていたのでしょう。天候や時候なども同じです。将来みなさんのなかには、保育者になる人や家庭を持ち、父や母になる方もいることでしょう。そのときに身近な子どもたちにも、伝えてあげてほしいことです。

2 年中行事のいろいろ—みなさんは、どれだけ知っていますか？—

（1）四季の年中行事

〔ワーク1〕年中行事を以下の表にまとめています。空欄に由来や意味を書きましょう。

＜春の年中行事＞

節分	2月3日	
ひな祭り	3月3日	
お彼岸	3月中旬	
お花見	4月	

＜夏の年中行事＞

端午の節句	5月5日	
祇園祭	7月中旬から下旬	
夏の土用	7月下旬	
七夕	7月7日	

＜秋の年中行事＞

お盆	8月中旬	

風祭	8月～9月	
亥の子	10月	
＜冬の年中行事＞		
酉の市	11月	
事始め	12月（2月）	
正月	1月	

（2）保育所・幼稚園・幼保連携型認定こども園での年中行事（伝統行事）

　では、保育所、幼稚園、認定こども園ではどのような年中行事が行われているのでしょうか。S県にあるF幼稚園の事例とKこども園の事例をみてみたいと思います。

●表10-1　S県のF幼稚園における年間行事表

4月	入園式、始業式
5月	親子遠足、園外保育、内科・歯科検診
6月	親子交通安全教室、父親参観会、プール開始
7月	年長児一泊保育、夏休み（終業式）、夏季保育
8月	夏季保育
9月	始業式、防災訓練、園外保育、父母の会草取り、運動会
10月	園外保育、芋ほり、焼き芋大会、みかん狩り
11月	給食参観会、発表階層練習、発表会
12月	サンタさんいらっしゃい誕生会、餅つき大会、冬休み
1月	始業式、年長児卒園旅行
2月	豆まき、自由参観会（器楽・歌）
3月	ひな祭り、歩け歩け遠足、お別れ会、修了式、卒園式

※「F幼稚園ホームページ」より抜粋

●表10-2　S県のKこども園の年間行事

4月	入園式、いちご狩り、春の交通安全教室
5月	施設見学、親子遠足、給食参観、落花生植え
6月	歯科・内科検診、保護者参観、カレーパーティー、どろんこあそび、プール開き
7月	花火教室、七夕集会、海水浴、終業式、夕涼み会
8月	夏休み、夏季保育、お泊り保育
9月	始業式、祖父母参観、給食参観
10月	運動会、もちつき大会、おまつりごっこ、お店屋さんごっこ、秋の遠足、ミュージカル鑑賞
11月	いもほり、やきいもパーティー、たまねぎ植え、七五三、落花生収穫
12月	おゆうぎ会、みかん狩り、クリスマス会、終業式、冬休み
1月	始業式、鏡開き、かきぞめ、人形劇鑑賞、ジャガイモ植え
2月	豆まき、マラソン大会（ランランがんばろう会）、ピーナッツチョコづくり、お別れ遠足、落花生収穫
3月	ひなまつり、お別れ会、卒園式、春休み

※「Kこども園ホームページ」より抜粋

　二つの表からもわかるように、環境の内容である「いちご狩り」、「お芋ほり」、「みかん狩り」、「どろんこあそび」、「運動会」、「遠足」「落花生植え」、「じゃがいも植え」など園の行事のなかに環境の視点が多く盛り込まれていることに気づきます。園によって内容の差はあるかもしれませんが、大方どの園においてもいまや行事の中にも当然のように見られるものばかりです。いかに園がその環境の視点やそれを取り入れた行事が大切にしているかが伺えます。「年中行事」の考え方ですが、ドイツの幼児教育者フレーベルの考案した「ドイツ一般幼稚園」（キンダーガルテン）が起源といわれます。創設者のフレーベルは子どもたちが自由で創造的な保育を実現したいという思いから、フレーベル主義保育という形で行われていました。やがて日本にも流入することになり、フレーベルの保育思想に基づきながら、日本のオリジナルの行事がつくられるようになったといわれています。

　ところで保育者になりたいみなさんは、表10-1・表10-2に掲載されている年中行事について知っているでしょうか。聞いたことはあるけれど、内容がわからないという方もいるのではないでしょうか。さらに保護者の方は年中行事をどのくらい知っていると思われるでしょうか。最近では保護者の方でも知らない方が増えているとよくいわれます。子どもについては、なおさら知らないことがあるでしょう。保育者になるみなさんには、園児だけでなく保護者の方にも説明する機会があるかもしれませんね。年間行事表をみて、どのような行事がいつの時期に行われているのか、またその行事にはどのような準備が必要になるのかについて、みなさんが考える材料にしてもらえるとよいでしょう。

（3）園生活における年中行事

　みなさんは、保育施設の年中行事で、何がいちばん楽しみでしたか。

　園の行事には、子どもの成長の節目となる入園式や卒園式、生活発表会などの他に、子どもの健やかな成長を願って伝承される、伝統的な行事があります。

　私たちが生活する現代社会においては、核家族化が進み、祖父母と同居する家庭はとても少なくなりました。昔は、地域の大人も子どももみな「年中行事」に参加し、その日を心待ちにしていました。季節の移り変わりや時期の節目に応じて、その地域ならではの行事が催され、無病息災や豊作、家族の幸せを願う祈りを込めて、みんなで行事食を楽しみました。そして、家庭や地域のなかで経験する行事をとおして、その行事の意味や由来、子どもたちの遊びも伝承されてきました。

　地域とのつながりの希薄化が問題となるなか、異年齢児が集団で生活する保育施設での行事は、地域の人々とふれあい、交流する楽しい機会となります。

　子どもたちは、保育施設での経験をとおして、地域社会に伝わるさまざまな文化や伝統に親しみ、成長や発達をすることが期待されています。

　このように、園内だけでなく地域に住む伝統文化の担い手の方々との交流をとおして、行事の意味や遊びの楽しさを知るようになります。そして、今度はその楽しさや意味を伝承する側となり、次世代に伝えていくことになります。保育施設は、日本の文化の継承に大きな役割を担っているのです。

【保育施設の保育方針と年中行事】

　昔から伝わる伝統文化的な行事には、子どもたちの健やかな成長を願って伝承されてきたものが多くあります。

　保育施設のなかには、園の特色として仏教やキリスト教などの考え方を保育理念や保育目標に掲げている施設があります。

　これらの園では、一年をとおして、仏教やキリスト教ならではの行事が行われています。子どもたちは、一つひとつ保育施設が大切にしている行事に込められた意義や願いを感じながら、成長していくことになります。

【仏教保育では】

　仏教保育では、お釈迦さまの誕生日を祝う「花まつり」や、お釈迦さまが悟りを開いたとされる「お悟りの日」があります。節分には寺院で豆まきを行うところもあります。

【キリスト教保育では】

　イエス・キリストの復活をお祝いする「復活祭（イースター）」や「花の日」礼拝、神様からの恵みを感謝する「収穫感謝祭」や「クリスマス」があります。保育施設のクリスマス会では、イエス様のお誕生をお祝いする聖誕劇（ページェント）が多くの園で行われます。

【日常生活とのつながり】

　年中行事は、子どもたちの日常生活のなかで、子どもが興味をもって主体的に楽しんで取り組めることが大切です。行事のなかで味わう喜びや発見、達成感といった経験をとおして、子どもたちは自己の世界を広げ、大きく成長します。そして、行事に込められた願いとともに、子どもの健やかな成長も次の世代に受け継がれていくことになります。

③「国民の祝日」ってなんだろう？　どれくらいあるのだろう？

（1）「国民の祝日」とは

　みなさんは、「国民の祝日」とはどのようなものか、ご存じでしょうか。「国民の祝日」とは「国民の祝日に関する法律」（昭和23年　法律第178条）に定められている祝日をさします。いまでは「祝日」と省略されて私たちは使用しています。また国民の祝日ではない土曜日や日曜日が休日になると、「振替休日」として翌日休みになることも知られています。

（2）17種類も存在する「国民の祝日」

　国民の祝日は17種類存在しています（2021年9月現在）。みなさんはすべて知っていますでしょうか。ここでは1948（昭和23）年に制定された「国民の祝日に関する法律」にしたがって、祝日の一覧を以下にまとめてみたいと思います。

●表10-3　「国民の祝日」一覧

元日	1月1日	年のはじめを祝う。
成人の日	1月の第2月曜日	おとなになったことを自覚し、みずから生き抜こうとする青年を祝いはげます。
建国記念の日	政令で定める日	建国をしのび、国を愛する心を養う。
天皇誕生日	2月23日	天皇の誕生日を祝う。
春分の日	春分日	自然をたたえ、生物をいつくしむ。
昭和の日	4月29日	激動の日々を経て、復興を遂げた昭和の時代を顧み、国の将来に思いをいたす。
憲法記念日	5月3日	日本国憲法の施行を記念し、国の成長を期する。
みどりの日	5月4日	自然に親しむとともにその恩恵に感謝し、豊かな心をはぐくむ。
こどもの日	5月5日	こどもの人格を重んじ、こどもの幸福をはかるとともに、母に感謝する。
海の日	7月の第3月曜日	海の恩恵に感謝するとともに、海洋国日本の繁栄を願う。
山の日	8月11日	山に親しむ機会を得て、山の恩恵に感謝する。
敬老の日	9月の第3月曜日	多年にわたり社会につくしてきた老人を敬愛し、長寿を祝う。
秋分の日	秋分日	祖先をうやまい、なくなった人々をしのぶ。
スポーツの日	10月の第2月曜日	スポーツにしたしみ、健康な心身をつちかう。
文化の日	11月3日	自由と平和を愛し、文化をすすめる。
勤労感謝の日	11月23日	勤労をたっとび、生産を祝い、国民たがいに感謝しあう。

【出典】内閣府「国民の祝日について」（www8.cao.go.jp/chosei/shukujitsu/gaiyou.html）

　上の一覧表をみられたでしょうか。たくさんの国民の祝日があることがわかりますよね。学生のみなさんには、祝日がいつかということだけではなく、祝日の意味についてもしっかり理解しておいてほしいものです。園では、保育者になると、祝日についてどんな日であるかを園児にお話しすることもあります。園児らに話す際に、わからないでは大変困ることになります。いまのうちからよく知っておくとよいでしょう。

（3）2021年は特別の国民の祝日も

　ところでみなさんは、2021（令和3）年度のみ特別の「国民の祝日」が存在することを知っているでしょうか。2021（令和3）年は東京オリンピック・パラリンピックが開催予定になっています。それにともない、「体育の日」の名称を「スポーツの日」に改称し、その意味について「スポーツを楽しみ、他者を尊重する精神を培うととともに、健康で活力ある社会の実現を願う」とされました。また「海の日」は7月22日に、「スポーツの日」は翌日の7月23日に、「山の日」は8月8日になると定められています。これはこの年だけの特例ですので、忘れないでおきたいところです。

・・・
〔ワーク2〕「年中行事」について、みなさんが子どもの頃の写真があればそれをみながら、その当時のことを家族と話し合ってみましょう。家族の方から「エピソード」も聞いてみましょう。

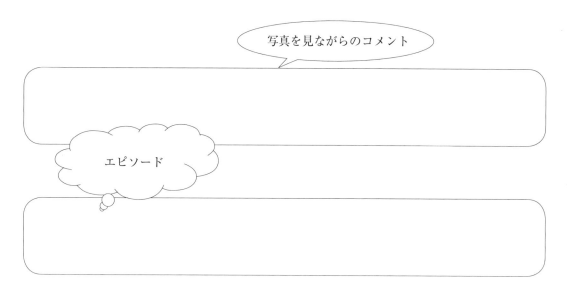

写真を見ながらのコメント

エピソード

〔ワーク3〕次の表にある国民の祝日の名称とその日付、祝日の意味について空欄に書き入れてみましょう。

祝　日	月　日	祝日の意味
憲法記念日	5月3日	①
②	5月5日	③
海の日	④	⑤
敬老の日	9月第2週	⑥
⑦	11月3日	⑧
⑨	11月23日	⑩

〔ワーク4〕次の国民の祝日についての「由来」（いわれ）について、各自で事典などを使用して調べて書きましょう。

祝　日	由来（いわれ）
元旦	①
成人の日	②
春分の日	③
昭和の日	④
みどりの日	⑤
子どもの日	⑥
山の日	⑦
秋分の日	⑧
体育の日	⑨
文化の日	⑩

〔ワーク5〕みなさんは、今後保育者になった際に、「年中行事」とどのように関わっていこうと考えていますか？できるだけ具体的に書いてみてください。

【参考文献】
加藤友康・高埜利彦・長沢利明・山田邦明編（2009）『年中行事大事典』吉川弘文館
川勝泰介編（2020）『よくわかる児童文化』ミネルヴァ書房
国民の祝日に関する法律（www8.cao.go.jp chosei/shukujitsu/gaiyou.html /2021.9.18.閲覧）
足立里美（2014）「行事による子どもの成長の検討—学生の幼児期の行事に対する考えと振り返りから—」『岐阜聖徳大学紀要』第53巻、pp.91-103
遠山佳治・平井孔仁子（2018）「伝統行事を教材とした保育内容『環境』指導法の一考察」『名古屋女子大学紀要』第64巻（人・社）、pp.293-304
田中卓也・増田吹子（2019）「領域『環境』における年中行事に関する学生理解と保育実践」静岡産業大学論集『スポーと人間』第3巻第2号、pp.144-145
増田吹子（2019）「保育内容としての伝統行事—領域『環境』を中心として—」『久留米信愛短期大学研究紀要』第42巻、pp.11-17

第11章

保育環境の中における
数量・図形とは

　保育の勉強を始めると必ず出会う言葉に「5領域」があります。このテキストで扱っている保育内容「環境」も5領域の一つです。第1章から第10章までを学んできた皆さんにとって、「環境」という領域は、小学校で言う「理科」に近いという印象があるかもしれません。しかし、一つの領域が一つの科目と完全に対応しているわけではないということは、保育内容総論などの授業で学んで知っている人もいるでしょう。環境の領域も理科的要素が多く見えますが、実は理科だけでなく社会や算数に関連するような内容も含まれています。ここでは、その「算数に関連するような内容」として、保育の中での子どもたちと「数量・図形」の関わりについて考えてみましょう。

1 子どもと "数量・図形" との出会い

〔ワーク1〕実習などで子どもが数や図形に触れていた場面を思い出してみましょう。

　園の中には、子どもが触れられるところにたくさんの数や図形があります。例えば、子どもたちが登園したらすぐにシールを貼る連絡帳には日付が書いてありますし、保育室には時計やカレンダーがあります。拾ったどんぐりを何人かで分けたり、摘んだ花の花びらの数を数えたりすることもあるでしょう。また、先生が床に貼ったテープに沿って椅子を円形に並べて椅子取りゲームをしたり、正方形の折り紙を三角に追って「お山」にしたりします。このように、子どもの生活や遊びの場面にはたくさんの数量・図形との出会いがあります。

　では、子どもたちと数量・図形との出会いを事例を基に考えてみましょう。

〔事例1〕アイちゃんの時間の理解（4歳児）

　お店屋さんごっこで売る商品を作る活動をする時に、先生が活動を始める前に「長い針がここにくるまで」と、時計を見せて6のところを指さしながら子どもたちに伝えた。先生はその活動を11時30分くらいに終えようと考えていた。

> 11時28分頃に、時計の針が6のところに近づいているのに気づいたアイちゃんが、親指と人差し指の間に少しすき間を作って他の子どもたちに見せて回りながら「あとこのくらいだよ」と言って回る。

　子どもが見通しをもって活動できるよう、活動を始まる前に終わりの時刻を知らせることはよくあります。そのような時に、保育者は発達段階に合わせて「何時何分まで」と言うのか、「長い針が6のところまで」と言うのか、「長い針がここに来るまで」と言って時計の6のところを指し示すのか考えて伝えます。この場面で、自分の手であと少しということを表して他の子どもたちに活動の終わりが近づいていることを知らせようとした4歳児にとって、時間の概念はまだはっきりとないのかもしれません。しかし、長い針と数字の6までの距離を自分なりに考えて皆に知らせようとしました。このように、数や量、時間や距離といったものについて、しっかりとした理解はまだでも子どもなりの考えができつつことがわかります。

〔事例2〕節分の活動（3歳児）

> 　節分が近づいてきたので園で鬼の製作をすることになり、子どもたちに「鬼の形を探してきてごらん」と伝えた。子どもたちは、それぞれに「鬼の形」を考えて、園の中で探したり家で見つけたりして、洗剤に付いているプラスチックのスプーン・ほうき・ちりとり・フライパン等様々な物をもの持ってきて、目と鼻と口と髪の毛を付けて鬼を作った。子どもたちが「鬼の形」と考えて持ってきた物は、どれも鬼の角のような形の部分がある物だった。

　絵本や紙芝居を見たり節分に鬼（のお面を付けた大人）が出てきて豆まきをしたりする経験を通して、鬼には角があるということを知っている子どもたちにとっては、角の形が鬼を象徴するものだったのでしょう。

　そこで、「鬼の角は三角です」と説明して三角に切った色画用紙などを使って鬼の角を作ることもできますが、あえて三角の角の形にこだわらず、子どもたちが「鬼のように見える物」を自分たちで探すという活動をすることによって、細く突き出ているものは鬼の角のように見えることに気づきます。そして、鬼の角のように見える物がたくさんあることを知る、つまり一見違って見える形にも共通する部分があることに気づくのです。

　皆さんは図形というと三角や四角・円などをイメージすることが多いと思います。しかし、子どもたちにとっては「鬼の形」も「形（図形）」の一つです。教育要領や保育指針の中で「図形に親しむ、関心をもつ」といったことが書かれていますが、その「図形」は一般に考える三角や四角・円などだけではありません。「鬼のような形」といった、大人の感覚では「図形」とは思わないようなものも、子どもたちが「図形（形）」の違いに気づき興味をもつきっかけになるのです。

②保育所保育指針や幼稚園教育要領、幼保連携型認定こども園教育・保育要領の中の“数量・図形”

　2017（平成29）年に改訂された保育所保育指針や幼保連携型認定こども園教育・保育要領では、従来の3歳以上児を対象とした保育内容としての5領域に、乳児保育に関するねらい及び内容・満1歳以上3歳未満児の保育に関するねらい及び内容が加わりました。また、第1章総則には、保育所等において育みたい資質・能力（3つの柱）・「幼児期の終わりまでに育ってほしい姿（10の姿）」が新しく記載されています。この「3つの柱」と「10の姿」は幼稚園教育要領にも同じものが記載されています。

　ここでは、保育所保育指針及びその解説の中で、ねらい及び内容、3つの柱、10の姿の中で、「数量・図形」がどう扱われているか確認しましょう。

（1）乳児の保育における“数量・図形”

　乳児保育におけるねらい及び内容の視点の一つに「身近なものと関わり感性が育つ」があります。その内容の一つに「生活や遊びの中で様々なものに触れ、音、形、色、手触りなどに気付き、感覚の働きを豊かにする」と記されています。ここでは、まだ「数量」「図形」といった言葉は出てきませんが、「形」との関わりは乳児期から始まることがわかります。

　生活の中で形などに気づき、感覚の働きを豊かにするとはどういうことでしょうか。解説には「保育所の生活や遊びを繰り広げる中で、様々につくり出されたり生み出されたりする音や動き、ものの形、色、手触りなどは子どもの気づきを促し、感覚の働きを豊かにする環境として重要である。保育士等は、この時期の子どもが受けとめられる程度のほどよい複雑さをもった環境を構成することが求められる」と記されています。乳児期の子どもたちは「これが丸」「これが三角・四角」と意識して遊んでいるわけではありませんが、たとえば積み木で遊んでいる時に、円柱は転が

ることや三角柱や直方体・立方体の積み木は転がらないことを経験するでしょう。そのような経験の中で、形の違いに「気付く」ことで図形に対する感覚が育っていきます。まだ、「形が違う。だから転がらない」ということまでは理解していませんが、「何か違う」という感覚を経験することが、もう少し発達段階が進んだ時に「形の違い」という認識につながっていきます。そのため、保育者は様々な形に触れられる環境を用意することを考えるのです。

（2）1歳以上3歳未満児の保育における"数量・図形"

　次に、1歳以上3歳未満児の保育におけるねらい及び内容を見てみましょう。「環境」の内容の③に「身の回りのものに触れる中で、形、色、大きさ、量などの物の性質や仕組み気付く」とあります。乳児期の「形」加えて、「大きさ」「量」という言葉が出てきました。また、内容の取扱いの①に「玩具などは、音質、形、色、大きさなど子どもの発達状態に応じて適切な物を選び、遊びを通して感覚の発達が促されるように工夫すること」とあります。

　ある保育園で2歳児クラスを見学していた時に、ドーナツ状の積み木を棒のようなものに刺す遊びをしている子どもがいました。ドーナツ状の積み木は様々な色や大きさのものがありました。その子が何か小さな声で言いながら積み木を探しているのでよく聞いてみると「ホソイノ、ホソイノ」と言いながら小さな積み木を手に取りました。そこで私は「小さいのがあったね」と声を掛けました。大人の感覚では「小さな積み木」ですが、その子にとってはまだ「細い」と「小さい」の違いが明確ではなかったのでしょう。子どもはこのような経験を繰り返しながら、次第に「大きい・小さい」「太い・細い」ということを理解するようになっていきます。その理解の前段階として、感覚的に形や大きさ等の違いに気づく経験ができるような環境が必要です。

（3）3歳以上児の保育における"数量・図形"

　3歳以上児の保育に関するねらい及び内容の中には、「数量」「図形」という言葉がはっきりと出てきます。

　1つ目は、ねらいの③「身近な事象を見たり、考えたり、扱ったりする中で、物の性質や数量、文字などに対する感覚を豊かにする」です。このことについて、解説文には「子どもを取り巻く生活には、物については当然だが、数量や文字についても、子どもがそれらに触れ、理解する手掛かりが豊富に存在する。それについて単に正確な知識を獲得することをのみを目的とするのではなく、環境の中でそれぞれがある働きをしていることについて実感できるようにすることが大切である」とあります。

　2つ目は、内容の⑨「日常生活の中で数量や図形などに関心をもつ」です。このことについて、解説文には「数量や図形についての知識だけを単に教えるのではなく、生活の中で子どもが必要感を感じて数えたり、量を比べたり、様々な形を組み合わせて遊んだり、積み木やボールなどの様々な立体に触れたりするなど、多様な経験を積み重ねながら数量や図形などに関心を持つようにすることが大切である」と書かれています。

　この2つに共通するのは、「日常生活の中で」ということです。この時期の保育では、数量や図

形についての正確な知識を身に付けることではなく、「感覚を豊かにする」ことや「関心をもつ」ことが求められています。そのためには、知識として教えられるのではなく、生活や遊びの中で実際に数や量、図形に触れて、感じたり気づいたりできる環境が必要なのです。

（4）幼児期の終わりまでに育ってほしい姿と"数量・図形"

現行の保育所保育指針等には、5領域を中心とした保育を通して子どもが小学校に入学する頃にどのように育っているかということ、また保育者が指導を行う際に考慮するものとして、「幼児期の終わりまでに育ってほしい姿」がまとめられています。その中に「数量や図形、標識や文字などへの関心・感覚」があり、「遊びや生活の中で数量や図形、標識や文字などに親しむ体験を重ねたり、標識や文字の役割に気付いたりし、自らの必要感に基づきこれらを活用し、興味や関心、感覚をもつようになる」という説明が加えられています。

今まで述べてきた、乳児・1歳以上3歳未満児・3歳以上児のそれぞれの発達段階に応じた保育を通して、小学校に入学する頃には数量や図形に対する興味や関心、感覚をもつようになりますし、保育者はそのことを考慮しなければならないことがわかります。そして、ここでも3歳以上児の保育に関するねらい及び内容と同様、「遊びや生活の中で」ということが明記されており、教えられて知ることでなく体験を通して感じたり気づいたりすることの必要性が強調されています。

3 必要感に基づく体験と"数量・図形"

先ほど述べた「幼児期の終わりまでに育ってほしい姿」の数量や図形、標識や文字などへの関心・感覚」の説明の中に「必要感」という言葉が出てきます。ここでは、この「必要感」について考えていきましょう。

私は授業の中で学生たちに必ず「数は何に必要ですか」という問いを投げかけます。返ってくる答えの中でいつも一番多いのは「買い物」です。それから「日付がわかる」「時間がわかる」などといった答えもあります。では、さらに考えてみましょう。確かに年頃の学生さんたちにとっては、買い物は大きな興味の対象です。また、日付や時間がわからないと授業に出たりアルバイトに行ったりすることもできなくて、困ったことになります。しかし、子どもにとってはどうでしょうか。

昔は、子どもだけでおつかいに行くといった光景も見られましたが、現代では未就学児だけで買い物に行くことはほぼないと言っていいでしょう。また、子どもにとっては日付や時間がわからなくても、あまり問題はありません。幼稚園や保育園には保護者が連れて行ってくれますし、活動の区切りの時間は先生に教えてもらえばいいので、子どもとっては大人より数が必要になる場面は少ないはずです。つまり、子どもにとって「数」は必要感をもちにくいものであると考えられます。図形はどうでしょうか。建築の仕事に就くのでもない限り大人にとっても図形が必要と感じられる場面はあまり多くなく、子どもにとっても必要感を感じにくいものではないでしょうか。では、なぜ幼児期の終わりまでに育ってほしい姿には、あえて「自らの必要感に基づきこれらを活用し、興味や関心、感覚をもつようになる。」と書かれているのでしょうか。

皆さんは、高校までの勉強の中で「数学で習う因数分解なんてこの先使わない」「外国に住むつ

もりもないし、英語なんてできなくていい」と思ったことはありませんか。そして、そう思ってしまったら、勉強に対する興味や意欲が低下してしまったという経験はないでしょうか。人は「これは必要ない」と思うと興味や意欲を失いますし、「これは役に立つ必要な物だ」と思うと、それをもっと知りたいという興味や理解しようという意欲をもつことが多いのです。したがって、乳幼児期に数量や図形に対する興味や関心、数量や図形に関わる意欲を育てるために「必要感」を感じられるようにしたいのです。

　では、数量や図形に対する必要感を感じられるようにするには、どうすればよいでしょうか。保育所保育指針の解説には「例えば、二手に分かれて行う鬼遊びを繰り返し楽しむ中で、チームの人数や陣地の広さを同じにする必要性に気付き、自分たちで人数を数えて調整したり、陣地を歩測して確かめたりする。また、遊びに必要なものを作る際に、空き箱や紙などの形や大きさ、長さなどを大まかに捉え、自分のイメージに合わせて選び、図形の特徴を生かして様々に組み合わせながら考えた通りに作り上げていく」とあります。つまり、今まで繰り返し述べてきた「遊びや生活の中で」、自然に数量や図形を使うことが必要になる場面は実はたくさんあるので、それらの場面を保育者が捉えることが求められます。例に挙げられている鬼遊びの場面で、いつも先生が考えて人数調整をしたり、製作の際にいつも先生が必要な形のものを与えたりしていては、子どもが数量や図形の必要感をもつことは難しいでしょう。解説文にもあるように、子どもの発達段階に応じて徐々に「自分達で」考えたり、「自分の」イメージに照らし合わせたりする経験をできるようにすることが、保育者に求められるといえます。

〔事例3〕お店屋さんに来たお客さんの数を知りたい（4・5歳児）

　　O幼稚園では、保護者に来てもらう行事としてお店屋さんごっこを4日間行う。4・5歳児20名程度のグループを1人の先生が担当し、1カ月前から準備に取り組む。お店屋さんごっこの間は、毎日担当の先生と子どもたちとで反省会を開きその日にあったことを共有して、次の日に改善するようにしている。2日目のお店屋さんごっこの反省会で、先生が子どもたちに「お客さん、何人来たかな」と尋ねると、年長児の一人が「68人！」と答え、他の子どもたちも歓声を上げて喜ぶ。実際には68人来たかどうかわからないが、答えた子どもだけでなく他の幼児もお客さんがたくさん来たことを喜んでいる様子である。

　　そこで、先生は「どうやったらお客さんが何人来たかわかるかな？」と子どもたちに問いかけた。すると「チケットを数える！」という声が上がる。保護者はチケットを持って子どもたちが用意したお店を訪れ、一つのお店で1枚のチケットを渡して商品と交換することになっている。そのため、チケットの数を数えればお客さんとしてお店に来てくれた保護者の数がわかるということに気づいた子どもがいたようだ。興味津々で集まってきた子どもたちが見ている中で、先生がチケットを一枚ずつ高く掲げながら子どもと一緒に数を数えると34枚あった。中にはまだ数がわからない子どももいたが、生先と一緒に最後まで数え終わると歓声があがった。

　　その2日後、4日目のお店屋さんごっこが終了した後、反省会のために幼児が徐々に集まり始めた。先生がまだ来ないので、子どもたちはそれぞれに待っているが、年長児の一人が床に座ってチケットを数えはじめると、その子の周りに他の子どもたちが集まってきた。まだ数がわからない年中児も、年長

児が数えるのをじっと見ている。

　4歳児にとっては2桁の数を数えることはまだ難しいです。しかし、5歳児の発言や保育者と一緒に数を数えた経験から、多い・少ないを表すという数の役割に興味をもっていきます。この場面の中で、子どもは保育者の問いかけにより「お客さん（保護者）がどのくらい来たのか知る」ために、数が役に立つことに気づいていきます。また、皆で数えたことで「たくさんのお客さん（保護者）が来てくれた」ということがわかり、数が自分の生活の中で役に立つ必要なものだということを知っていきます。4歳児の数への興味が育っていることは、後日5歳児がチケットの数を数える姿をじっと見ている様子からよくわかります。しかし、これはただ単に数を数えた経験から得られるものではなく、保育者や友だちと一緒に数えてお客さん（保護者）がたくさん来たという喜びや達成感を感じたこと、つまり数を数える経験が嬉しく楽しい経験と結びつく中で育っています。これこそが、指針や要領に「数を理解するように教える」ということが書かれておらず、数に限らず様々なことが「遊びの中で育つ」ということが強調される理由でしょう。

　子どもにとって、生活の中で数が必要な場面は大人ほど多くありません。しかし、保育者が、子どもが数に興味をもち数を意識するような関わりをすることで、子どもが数の存在に気づき興味をもち、保育者や友だちと一緒に数を数える経験を繰り返す中で数の役割や数の必要性に気づいていきます。しかも、それを楽しい経験の中でできるようにすることが、乳幼児期の子どもに関わる保育者の役割だといえます。

④保育者の役割
〔事例4〕さらしで遊ぶ（4歳児）

　園に長いさらし（白い布）をいただいた。4歳児クラスの先生は子どもたちをテラスに集めて、担任の先生と実習生とで細長しさらしの端をそれぞれ持ち、何メートルもある細長いさらしを子どもたちに見せる。先生たちがさらしをもち上げると、子どもたちは1列に並んでその下に入って遊ぶ。

　担任の先生は、細長いさらしをテラスに置いて、幅が広くて短いさらしを巻いたものを持ってくる。持ってきたさらしを子どもたちに見せて「どう違う？」と尋ねると、子どもたちは「大きい！」「重い！」と口々に答える。先生は「広げてみるよ」と声を掛け、実習生と2人で幅が広くて短いさらしを細長いさらしの横に並べる。そして、先生が子どもたちに「どう違う？」と尋ねると、「短いね！」という言葉が返ってくる。そこで、先生は「そうだね。でも大きい

ね」と応え、「入ってみようか」と子どもたちを誘ってみる。実習生と2人でそれぞれ端を持って持ち上げると子どもたちがその下に入り、短くても幅があるので皆でさらしの下に入れることに気づいた。

　この事例の中で、保育者は細長いさらしと短くて幅が広いさらしを子どもたちに見せて「どう違う？」と声を掛けています。ここで、保育者は「幅が広くて長いさらしを持ってきました」と言うこともできますが、あえて子どもたちに「どう違う？」と尋ねることで、子どもたち自身が細長い・幅が広いという感覚をもち、違いに気づくようにしています。4歳児は、長さや大きさについての認識が少しできてきているので、子どもたちは自分の言葉で答えています。この時期の子どもたちには、「幅が広い」という言葉はまだ難しいのかもしれません。それを「大きい！」という言葉で表現しているようです。実際は、さらしの長さや幅を測って2枚のさらしの面積を比べたわけではないので、幅が広くて短いさらしの方が「大きい」かどうかはわかりません。しかし、先生はそこで「大きいのではなくて幅が広いのです」と子どもの発言を訂正するようなことは言いません。正確な言葉を身に付けることも大切ですが、この時期は感覚的に違いに気づくことや興味をもつことが大切だからです。

　また、幅が広くて短いさらしを巻いたものを「重い」と表現した子どももいました。これも、2枚のさらしの重さを比べたわけではないので、本当に幅が広くて短いさらしの方が重いかどうかはわかりません。では、なぜその子は「重い」と表現したのでしょうか。幅が広いさらしを巻いたものは、子どもにとっては細長いものより「大きい」ものに見えたのでしょう。それまでの経験で、大きいものは小さいものより重いということを知っていたのではないかと考えられます。そこで、幅が広いさらしを巻いたものの方が大きい＝重いと感じたのではないでしょうか。これは、非常に感覚的な捉え方で、必ずしも正確な表現ではありません。しかし、保育者はここでも子どもの発言を訂正するようなことはおっしゃいません。

　さらに、保育者が細長いさらしの横に幅が広くて短いさらしを広げて置いたことで、さらしを巻いている時にはわからなかった「短い」ということに気づいた子どももいます。保育者がさらしを持っている時には、大きくて重そうなイメージだったさらしを、細長いさらしの横に広げて置いて比べて見ることで「短い」という新しい発見ができました。ここでも保育者は「こちらのさらしの方が短いです」と話すのではなく、子どもたちに「どう違う？」と尋ねています。やはり、子どもたち自身で気づき興味をもつことを意図したのだと考えられます。

　このように、子どもは実際に大きなものや小さなもの、幅の広いものや狭いもの、重いものや軽いもの等に触れ、そういったものとの関わりを体験することを通して数量や図形についての感覚を身に付けていきます。その際に、保育者は子どもが様々な数や量、形の物と十分に関われる環境を用意するとともに、子どもが数や量、形の違いや面白さに気づき、興味や関心をもてるような言葉掛けをすることが大切です。

〔ワーク２〕３歳児が保育室にある台の上に、ソフトブロックを積んで遊んでいた。高く積もうとして縦に積んでいたが、４つ積んだところで倒れてしまった。この時、あなたが先生だったら子どもにどのような言葉を掛けますか。考えてみましょう。

　これは、私が数年前に見学させていただいた園で実際に見た光景です。保育の中では子どもの心に寄り添うことが大切だということを学んできた皆さんは、子どもの気持ちを受け止めるような言葉を考えたのではないでしょうか。「倒れてしまって悲しかったね」と子どもの気持ちを代弁したり、「先生と一緒にもう一度やってみようか」と励ましたりするかもしれません。これもとても大切なことです。

　しかし、この時に担任の保育者がこの子に掛けた言葉は「たくさん積んだね。１・２・３・４つかな」というものでした。「たくさん積んだ」という子どもの頑張りを認めた上で、「１・２・３・４つかな」と数字を口にしました。するとその子は、積み木を「縦に」ではなく「横に」積むことで、「高く」ではなく「たくさん」積むことに挑戦し始めたのです。つまりその子の興味の対象は「高さ」から「数」へと移りました。このような、保育者の関わりがあることで、子どもの数量・図形に対する興味は深まります。

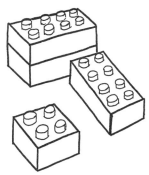

　〔ワーク１〕で子どもが数量や図形に触れるような環境を考えましたね。保育者は、そういう環境を作ることはもちろんですが、事例３や事例４、〔ワーク２〕の保育者のように子どもが数量や図形の役割や特徴に気づいたり興味をもったりするような関わりが求められます。そのために、子どもは生活や遊びの中で様々なことを身に付けるということや、子どもが必要感をもって数量や図形に関わる機会を作ることを考えながら保育をしていきましょう。

【参考文献】
厚生労働省（2017）『保育所保育指針』フレーベル館
文部科学省（2017）『幼稚園教育要領』フレーベル館
内閣府・文部科学省・厚生労働省（2017）『幼保連携型認定こども園・教育保育要領』フレーベル館
厚生労働省（2018）『保育所保育指針解説』フレーベル館

コラム11：遊びの中で、"数量・図形"に気づいたら？

　子どもたちの生活環境には、数量や図形が無数にあります。そしてその環境の中で、子どもたちは自然と数量や図形に触れ、生活をしていく中で数量や図形に対して興味や関心を高め、だんだんと学んでいくことになります。

　赤ちゃんが人の顔を見分けるようになるのも、図形の認識の始まりの一つであるといえます。そしてハイハイや歩行によって活動範囲が広がることで、認知能力も高まっていき、数量の認識ができるようになります。たとえば、「大きいと小さい」、「多いと少ない」、「重いと軽い」、「近いと遠い」、「はやいと遅い」といったような数量的概念は、発達に合わせて身についていきます。人間関係が広がると、順序や対応といった数量概念も豊かに育っていきます。「朝昼晩」、「昨日、今日、明日」といった時間的概念も、成長に合わせて理解ができるようになります。

　たとえば、子どもたちが、積み木やブロック遊びの中で数を数えたり、形を他のものに見立てて遊んだりといったことを見たことがある人もいるでしょう。自分の思い描くものを組み立てて遊ぶ中で、「いくつ使ったのか」、「何を作ったのか」、といったことから、数量の大小や、図形の分類に気づいていきます。ある男の子は、たくさんの洗濯ばさみを人に見立てて敵と味方のチームに分け、自分なりのゲームに没頭して遊んでいました。たしかに洗濯ばさみは、立っている人のように見えますし、その似ている形から人に「見立てる」ということをして遊んでいるわけです。さらに、図形の認識とともに、洗濯ばさみの数を認識してチーム分けをするということからも、子どもなりに、数量や図形に興味・関心を持っている様子だといえるでしょう。他にも、泥団子をたくさん作って友だちと同じ数ずつ分けたり、その大きさを競ったり、縄跳びで何回跳べたのかを数えたり、ブランコで何回こいだら交代するのかを決めたり、遊ぶ順番を決めたりといったような活動も、数字や数量に興味や関心を持つ上でも大切なことであるといえるでしょう。

　さらには、時間やお金も、生活の中で子どもたちが身近に感じている数量であるといえます。遊ぶ時間を示したり、予定を示したり、買い物ごっこといったこともまた、数量や図形に親しむ重要な活動なのです。

　サツマイモ掘りをする園も多いと思います。サツマイモ掘りに行くのがいつであるのか、というところから、時間的な数量に親しむことができます。誰から掘るのか、いくつ掘れたのか、イモの大きさはどうか、という数量もあります。収穫したイモは丸いのか、細いのか、といった図形にも親しむことができます。

　このように、子どもたちは、数を数えたり、数量や図形を比べたりすることはとても楽しんで行います。数量や図形に親しみ、楽しんだりすることで、数量や図形への理解を深めるだけにとどまらず、小学校での算数への興味関心へとつながっていきます。

第12章
保育環境の中における
標識・文字とは

第12章では、子どもたちがどのようにして「標識」や「文字」と出会い、そして自らの生活や遊びに取り入れていくようになるのかについて学びます。また、子どもたちがそれらに興味や関心をもつようになるための保育環境について知り、保育者の役割と援助についてワークや事例を通して考えてみましょう。

1 私たちの生活の中にある "標識・文字"

私たちは普段からさまざまな標識や文字に囲まれて生活をしています。街のあちこちに看板や交通標識があり、非常口やトイレなどの場所を知らせる表示、注意や制限、禁止を促すマークなど、日常生活の至るところに文字や標識が存在しています。交通標識があることによって私たちの安全は守られ、看板や表示、マークが表す意味、そして文字がわかることで私たちは便利で快適な生活を送ることができるのです。そのように考えると、標識や文字には意味があり、人が人に向けた大事なメッセージだと子どもたちが知ることは、生活をしていく上で欠かせない力を獲得することである、ということがわかると思います。

〔ワーク1〕あなたの周辺にある標識やマークを探し、その意味も調べ書き出してみましょう。

（例）		
非常口		

②子どもの生活と "標識・文字"

　私たちの生活が多くの標識や文字に囲まれているように、子どもたちも日々の生活の中でたくさんの標識や文字に出会います。子どもは話し言葉を先に獲得しますが、自分が話している言葉が文字という目に見える形で表されることを知ったり、ただの絵やイラストだと思って見ていた標識がメッセージを伝えるものであることを知ったりすることは新鮮な驚きであり、大きな喜びです。そのため、保育者には、まずは子どもたちが身近な生活や遊びの中で標識や文字と出会えるような環境を準備することが求められます。そして次に、子どもたちが標識や文字に興味や関心を持ち、それに込められた意味やメッセージに気づけるような工夫と、気づいた時の驚きや感動を大切に受け止め、喜びへと繋げていけるような関わりが求められるのです。

③保育における "標識・文字"

　保育所、幼稚園、認定こども園の各所には文字が理解できない子どもでもわかるよう、たくさんの標識が用いられ、多くの場合、その標識には文字が併記されています。標識は文字がまだ理解できない子どもにも絵やイラストによって必要な情報を知らせたり、メッセージを伝えたりすることができます。また、文字を併記することによって、子どもが生活の中で文字の存在に気づき、その文字が何を表しているのか子ども自らが知りたいと思えるよう、また、知ることができるよう工夫しているのです。

クラス名の表示

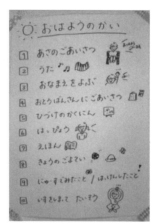

朝の会の進め方を知らせる表示

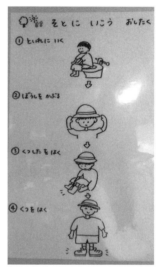

外遊びの支度について知らせる表示

日めくりカレンダー

　このように、保育においては、標識や文字を「教える」「覚えさせる」のではなく、子どもの標識や文字への興味や関心、感覚を、遊びを中心とした生活の中で、子どもの知りたいという欲求に基づいて育んでいくことが大切です。

　また、園によっては、子どもが親しみやすい動物や果物、植物などを一人ひとりのマークとして決め、そのマークと名前を靴箱やロッカーなどに表示することで、文字が理解できなくてもマークを見て自分の場所がわかるようにしています。園生活のスタートとともに自分だけの物や場所ができることはとても嬉しいものです。さらに、名前は自分だけの特別なもの。その自分だけの特別な名前が、自分の持ち物に表示されているのを見て文字という形で表されることを知った時の喜びは格別です。そのように考えると、自分を表すマークは子どもにとって一番身近な標識であり、それと一緒に示される自分の名前は最初に出会わせてあげたい文字だと言えるでしょう。

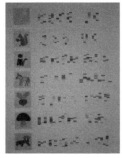
個人のマーク

マークのついた靴箱

マークのついたロッカー

　園で一緒に生活をする友だちのことを名前より先にマークで覚えるという姿も入園当初にはよく見られます。（事例1）

〔事例1〕○○のお友だち！？　（3歳児・4月）

> 　入園当初は家に帰ってきてから「今日は誰と遊んだの？」と聞いても「わからない」と答えるだけだったアツシくん。園生活に少し慣れてきた4月下旬、いつもと同じように「今日は誰と遊んだの？」と聞くと「とんぼのお友だち！」と嬉しそうに答えた。また、「りんごのお友だちはお休みだったよ」と言うアツシくんの言葉に「とんぼ？りんご？」と戸惑う保護者。翌朝、担任にそのことを話すと「とんぼはケイくんのこと、りんごはサキちゃんのことです」と、とんぼやりんごが友だちを表すマークであることがわかった。

〔ワーク2〕事例1でそれまで「わからない」と答えていたアツシくんが＿＿＿＿のように嬉しそうに答えたのはなぜでしょうか？アツシくんの気持ちを考えてみましょう。

　新しい環境の中では誰でも自分のことに精一杯でなかなか周囲に意識が向かないものです。事例1のように、子どもも入園当初は自分が遊ぶことに夢中で、周囲の友だちの存在に気がつかなかったり、関心が持てなかったりします。しかし、園生活に慣れ、毎日をともに過ごすようになることで、少しずつ周囲の友だちの存在に気がついていきます。そして、その気づきは園生活や遊びの楽しさと相まって子どもにとっては大きな喜びでもあるのです。

　また、はじめはマークで友だちのことを識別していた子どもも、朝の会で出席確認をする保育者の姿や会話の中で名前を呼ぶ保育者の様子を見て、次第に自分に名前があるように、友だちにも名前がある、ということに気がつきます。これは友だちとさらなる深い関わりをもつ大切なきっかけになります。そして、このようにして他者にも名前があることを知った子どもたちはマークではなく名前で互いを呼び合うようになるのです。

　さらに、他者と繋がる喜びを知り、文字への興味や関心が出てくると、次第に園内に表示されている名前や名札の文字を見て、自分と友だちの名前に同じ文字があることを発見して喜んだり、自分だけでなく友だちの名前がどのような文字で表されるのか知りたくなったりと、文字への興味が広がっていきます。

④ "標識・文字" の必要感とは？

　子どもの標識や文字への興味や関心、感覚を育むためには何より「必要感」が大切です。子どもにとっての「必要感」とは自分たちの生活や遊びをもっと楽しく、もっと便利に、もっと豊かにするために、子ども自らが文字や標識に対して「どういう意味なのかな」、「何て読むのかな」、「書いてみたい」、「標識や文字がわかると便利だな」などの思いを抱くことだと言えるでしょう。保育において子どもにこのような「必要感」を育むことも保育者の大切な役割です。

〔ワーク３〕子どもたちの文字や標識への「必要感」がどのように育まれていくのか、事例２の①〜⑤を読み、それを支える保育者の役割と意図について考えてみましょう。

〔事例２〕お泊り会楽しみだね！　B保育園（5歳児・7月）
　①恒例行事のお泊り会

　　年長組の恒例行事であるお泊り会。毎年恒例ではあるが、その年ごとに保育者が子どもの興味・関心を捉え、子どもたちと一緒に作り上げていく。この年は虫に興味を持つ子どもが多かったこと、遊びの中で文字への興味が出始めていたことから「ファーブル博士から届いた手紙」を

きっかけにして子どもたちと一緒にお泊り会を作り上げていくことにした。

Q. なぜ、保育者は「ファーブル博士から届いた手紙」をお泊り会のきっかけにしたのでしょうか？そこには保育者のどのような意図があると思いますか。

②ファーブル博士からの手紙

　子どもたちは虫のことなら何でも知っているファーブル博士から届いた手紙ということで興味津々の様子。「なんて書いてあるの？」「早く読んで！」と保育者のまわりに集まってきた。保育者は一通り手紙を読んで聞かせた後、その手紙をお泊り会当日まで保育室の壁に掲示しておくことにした。

Q. なぜ、保育者はファーブル博士の手紙を呼んだ後に掲示したのでしょうか？

③ある日のミッション

　博士からの手紙はその後、何度か届いた。手紙には毎回お泊り会に向けた子どもたちへのミッションが書かれており、ある日のミッションは、「お泊り会でゲームをするためのグループの名前を考え、手紙で博士に知らせてほしい」というものであった。

Q. なぜ保育者はこのようなミッションを考えたのでしょうか？

④カウントダウンカレンダー

　子どもたちはファーブル博士から手紙が届くのを毎日楽しみにしながら、お泊り会の日が来るのを指折り数えて待っていた。そんな時、ハジメちゃんが「あと何日でお泊り会になるのかわか

るようにしたい！」と言ったことを受け、保育者の助言を受けながらみんなでカウントダウンカレンダーを作ることにした。カウントダウンカレンダーには、自分たちで考えた『よるまで　いちにち　みどりぐみかい』というお泊り会の名前も、文字が書ける子が書いて貼っていた。

ファーブル博士から届いた手紙

子どもたちが作った
カウントダウンカレンダー

Q. この時「わかるようにしたい」と言ったハジメちゃんの気持ちを受け止め、カウントダウンカレンダーを作るよう提案した保育者の思いはどのようなものだったでしょうか。

⑤毎年恒例のカレー作り

　お泊り会当日は子どもたちみんなでカレーライスを作ることが恒例となっている。しかし、保育者はこのカレー作りも博士からのミッションということにして子どもたちに伝え、必要な材料についても博士からの手紙に書いて子どもたちに知らせた。買い物リストは写真で示されており、子どもたちはそのリストを見ながらみんなで買い出しに出かけた。

Q. なぜ保育者は毎年恒例のカレー作りを博士からのミッションとしたのでしょうか？
　また、保育者はなぜ写真付きの買い物リストを作成したと思いますか。

お泊り会の買い物リスト

様々なミッションに使った
博士の「むしじてん」

〔事例2〕のそれぞれの場面からは、保育者が子どもの文字や標識に対する「必要感」を引き出し、育もうとする意図が読み取れます。この事例で一番大切なことは、保育者が子どもたちの今の興味が虫にあること、そして文字への関心を持ち始めている、という子どもの実態をしっかりと捉えていることです。その上で、ファーブルという虫博士からの手紙であれば、虫が好きな子どもたちなら興味を持つに違いないという保育者の意図と、その興味と手紙が結びつくことで子どもたちの中に手紙に何が書いてあるのか知りたいと思う文字への「必要感」が生まれるのではないか。という保育者の願いを、子どもの興味に即した活動の中に込めたわけです。これこそが目には見えませんが保育者の重要な役割です。実際、子どもたちは虫博士から送られてくる手紙を楽しみにし、保育者と一緒にミッションに取り組みながらお泊り会当日を心待ちにしていたことが事例から伝わってきます。

また、④では、楽しみにするあまり「あと何日かわかるようにしたい！」と言ったAちゃんの言葉をしっかりと受け止めカウントダウンカレンダーというみんなにわかるようにするための標識作りを提案した保育者は、Aちゃんの思いを実現することでみんなに「標識の便利さに気がついて欲しい」という意図があったのではないでしょうか。

このように、子どもは自らの「○○したい！」という欲求に基づき遊びや生活を展開していくことで必要な力を獲得していきます。そして、それには子どもの思いを支え、願いや意図をもって援助する保育者の存在がいかに大切であるかをこの事例は教えてくれます。

〔事例3〕見て見て！僕の私の大発見！！　（5歳児・8月）

　C保育園の園庭の片隅にはビオトープがあり、子どもたちが毎日のように「先生、見て見て〜！」と嬉しそうに自分が発見したものを見せにくる姿があった。この発見の喜びや感動をみん

なで共有できないかと考えた保育者は、ビオトープの近くに自分たちが発見したものを掲示できるコーナーを作った。すると、自分が見つけたチョウの絵を描き、図鑑で調べた情報を「先生書いて！」と持ってきたり、セミのハネをセロテープで貼り付けたものに自分で文字を書いたりして、自分の発見を知らせようとする姿が見られるようになった。

　〔事例3〕は、一見、標識や文字とは関係のなさそうなビオトープでの遊びですが、このような保育者の働きかけがあることによって、標識や文字への興味や関心を高める活動に繋がります。

　事例の中では、まだ文字が書けない子が「先生書いて！」と言っていますね。これは、自分で書くことはできないけれど、文字がメッセージを伝える役割を持っているということをわかっている証拠です。幼児期には、この「文字はメッセージを伝える役割をもっている」ということを知ることが大切で、この事例のように、遊びや生活の中で文字を使ってみたいと思う気持ちを育むことこそが重要です。初めは文字が書けなくても、自分の伝えたいことを自分の隣に寄り添って書いてくれる保育者の姿と保育者が書いてくれた文字を見ることで、子どもは自然と文字への関心を高めていきます。そして、そのような経験こそが小学校以降の学びに向かう姿勢に繋がるのです。

　〔事例2〕〔事例3〕のように、遊びや生活の中で子どもが標識や文字への「必要感」を感じ、そしてそれが育っていくような仕掛けを保育の中に散りばめる役割が保育者には求められます。

【参考文献】
文部科学省（2018）『幼稚園教育要領』フレーベル館
小櫃智子編著（2021）『実践例から学びを深める保育内容・領域環境指導法』わかば社
酒井幸子・守巧編著（2016）『保育内容環境－あなたならどうしますか？－』萌文書林

【事例協力・写真提供】　東京家政大学かせい森のおうち（埼玉県狭山市）
　執筆にあたり事例および写真提供のご協力をくださった東京家政大学かせい森のおうちの園長片口桂先生、東京家政大学特任講師の大西明実先生をはじめとする先生方、園児の皆さんに感謝の意を表します。

コラム12：遊びの中で、"標識・文字"に気づいたら？

　子どもたちの身の回りには、さまざまな文字や記号、標識であふれています。子どもたちは生活の中でそれらに触れ、一つひとつに意味があることに気づき、その意味を見分け、思考していく力へと発展させていきます。現代生活において、文字に触れない日は全くといってよいほどありません。それは保育の現場でも同じであり、子どもたちは標識や文字に対して生活の中で触れ親しむことで、興味や関心を持ち、成長していきます。

　あるお母さんの話です。保育園に行き始めた息子さんが、上履きの左右をいつも間違えていました。そこで左の上履きに水色の印を、右の上履きに赤色の印をつけたところ、その子は靴の左右を間違えなくなったそうです。そのお母さんは、息子さんが好きなTVゲーム機のコントローラーを見て、その色の印をひらめきました。コントローラーは左手用が水色で、右手用が赤色になっていて、その子にとっては、水色と赤色が左右を示すしるしとして認識されていたわけです。これも一つの「標識」であり、左と右を見分けるという学びに、いつの間にか自然に繋がっていったといえるでしょう。

　文字に触れる遊びの場面として、絵本読みを思い浮かべる人は多いと思います。文字が読めない子どもでも、読み聞かせをしてもらう中で、聞いた言葉と文字や記号が結びつき、それらが意味を持つしるしであることにだんだんと気づいていきます。中には、車が好きな子が、そこから交通標識などに興味をもつこともあります。乗り物が好きな子どもが、バス停や駅の名前などを覚え、特急という漢字を指しながら「これは"とっきゅう"って書いてあるんだよ」などと得意げに話したりする場面を見たことがある人もいるかもしれません。交通標識や、鉄道やバス会社が示している様々な記号や表示など、それらは「すべて意味があるしるしなのだ」ということを、子どもたちは生活の中で気づき、遊びに取り入れているのです。他にも、動物や草花のマークを一人ひとり決めている園も多くあります。それらのマークに合わせて名前が記してあると、「それが自分や友達の名前を示す記号である」と気づくとともに、標識や文字を利用することで、情報を伝えることができる、という発見につながり、標識や文字への興味や関心を高めることができます。

　このように、子どもたちは標識や文字、記号などに自然と興味や関心を持ち、標識や文字が示すものに意味があり、一定の法則やルールがあることを学んでいます。そして子どもたちは、生活や遊びの中で、いつの間にか身につけているのです。そこには、関わる物的環境だけでなく、人的環境も大きく影響します。だからこそ、豊かな学びが促されるような環境設定をしていかなければならないともいえます。

第13章
園外保育をはじめとする
地域社会との関わり

1 園外保育とは

　子どもが園外の環境に触れる機会に園外保育があります。日常的な活動である「散歩」や、非日常的な行事として企画される「遠足」など、さまざまな形態で園外の保育は行われています。子どもたちは、園外保育によって、園庭よりもさらに豊かな自然環境に触れたり、見たことのない景色を目の当たりにしたり、初めて見る動植物に出会ったり、多くの発見や体験をします。また、身近な地域の公共交通機関や公共施設を利用する体験や、地域の人たちと関わる経験は、子どもが地域参画を楽しみ、将来社会の一員となっていくための素養となります。これは「幼児期の終わりまでに育ってほしい 10 の姿」の中の１つである「社会生活との関わり」であり、重要な視点です。

　子どもたちはこうした園外活動を通して、園とは異なるその場所に適した行動の仕方、マナーやきまりを学んでいきます。その結果、周囲の人たちに配慮した行動ができるようになったり、コミュニケーションが上手にとれるようになるなど、社会性の基礎を身につけていくのです。一方で園外保育は、園内とは違った環境で行われるため、安全や子どもたちの様子により一層の配慮が必要になることを忘れてはいけません。

　では、園外保育にはどのような活動があるのか考えていきましょう。みなさんも幼稚園や保育園に通っていたときに、園外保育を体験した思い出があると思います。表 13-1 に、主な園外保育としての活動をまとめました。

●表 13-1　主な園外保育としての活動（筆者作成）

園外活動の例
近隣の散歩
近隣の公園などでの活動
海や山への遠足
地域の商店街などでの買い物体験
地域の施設（図書館・児童館・公民館・消防署・警察署・小学校）などでの活動や見学
動物園・遊園地・水族館・博物館などでの体験活動
公共交通機関の利用
宿泊体験
芋堀り・田植え・陶芸などの体験活動
プール・アスレチック・スキー・スケートなどの運動体験

　あなたが子どものころに行った園外活動で印象に残っているものを表 13-1 の中から選び、その活動を振り返ってみましょう。以下に自分の考えを記入し、その後グループで考えを共有してみま

しょう。

〔ワーク1〕あなたが子どものころに行った園外活動について思い出してみましょう。

①あなたが選んだ活動

②その活動から何を学びましたか

③その活動を通じて、子どもにどのようなことを伝えたらよいでしょうか

②園外保育のねらいと目的

　ここでは、園外保育を行うねらいや目的についてみていきましょう。あなたが考えた園外保育のねらいや目的と照らし合わせて確認しましょう。図 13-1 に園外保育のねらいと目的の概要を示しました。

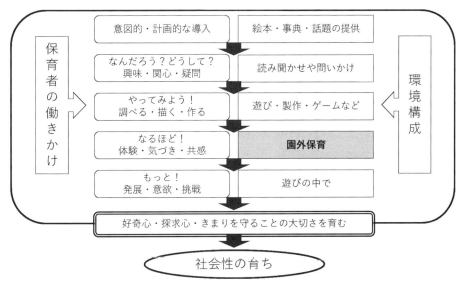

●図 13-1　園外保育のねらいと目的の概要（筆者作成）

　この図のように、園外保育は当日の活動のみで完結するものではなく、その前後の活動にも大きな意味があります。全体を通して以下のような育ちや学びにつながります。

（1）子どもの好奇心を刺激して興味や関心を育む

　園外保育には、子どもの関心を引き出し豊かな心を育むというねらいがあります。外に出ることで、見たこともない何かに出会い、「なんだろう？」「どうして？」という疑問を持ち、好奇心がくすぐられます。面白そうな遊具を発見したら遊んでみたくなる、不思議な音が聞こえたらどこから聞こえてくるのか知りたくなりますね。これはアメリカの心理学者ジェームス・J・ギブソンが提唱したアフォーダンス（affordance）理論です。アフォーダンスとは、「与える」という意味の「アフォード（afford）」という言葉から作られた造語で、「環境が動物に与える意味」のことです。つまり、子どもたちがやってみたいと思う刺激を与えることが大事だということです。

　子どもは、外からの刺激をどんどん吸収してきます。刺激は、五感を育むと同時に子どもの考える力を伸ばすのです。以下に小さな刺激が活動に結びついた事例を紹介します。

> 　5歳児クラスが散歩に行った時のことです。アキラくんが「先生来て〜見て見て！」と塀に空いた小さな穴を覗いています。穴があったら覗いてみたくなりますね。みんなで覗いてみると中には小さなカタツムリがいました。アキラくんはそのカタツムリを園に持って帰りました。その後みんなで、図鑑を使ってカタツムリについて調べ、クラスで飼育することになりました。

　また、園外保育での学びをより豊かにするためには、当日のみの活動に焦点をあてるのでなく、導入として事前に子どもたちにその活動への興味関心をもってもらえるような働きかけをします。導入でいかに子どもの心を掴みとるかによって、その後の活動を楽しく集中して行えるかが左右されるといっても過言ではありません。そして、活動においては保育者がさまざまなものに興味を持ち、子どもの前でそれを楽しんでいる姿を見せるように意識することで、子どもは刺激され、どんどん興味を広げていくのです。

（2）きまりの大切さを学ぶ

　散歩の際に、信号や横断歩道を渡ることがあります。このとき、道路に飛び出さないことや、信号が青になったら左右を確認して手を挙げて渡るなどの交通ルールを学びます。また、車やバイク、自転車に注意をするのはもちろんですが、それだけではありません。横に広がって歩くと他の人が通りにくい、大きな声を出すと周りの人が迷惑するなど、道路を歩くときのマナーを子どもたちに丁寧に伝えましょう。点字ブロックや車いす用のスロープがあったら、それらの意味を伝え、どのような人が必要としているのか、なぜ必要なのかを教えることも大切です。自分の安全はもちろん、周りの人たちの安全を守るためにも小さいうちから交通ルールを教えることが大事です。

　公共の施設に行くときは、事前にその施設がどのようなものか、何をするところなのかを丁寧に伝えましょう。施設内で走り回ることの危険性や、施設内で騒いだり奇声を発したりすることで、施設を利用している人たちに迷惑になることもしっかり伝えます。また、公共の交通機関を利用するときには、歩き回らない、騒がないことはもちろんですが、座席をゆずり合う思いやりの気持ちを育めるよう働きかけましょう。

　園外保育は、すべてが子どもにとっての学びの場です。その場所にふさわしい行動を、保育者が

実際に見せることで、子どもたちはきまりの大切さに気づき、その場に合った適切な行動を身につけていきます。小さな子どもにとっては、言葉だけの説明だけではわかりにくいので、必ず保育者が先にお手本を見せましょう。

子どもに交通ルールを伝える方法として、次のような事例があります。

> 散歩の途中、信号機のある交差点まで来ると、歩行者用青信号が点滅しています。そこで先生は子どもたちに「青信号がピカピカしています。道路を渡りたいけれどどうする？①左右確認して危なくないと思ったら渡る、②走って渡る、③次の信号を待って渡る、のうちどれでしょう？」と問いかけました。子どもたちは口々に「③、危ないから」「③、走って渡っちゃダメなんだよ」などと応えました。そして、次の青信号を待って一列で渡りました。

このように、クイズなどを使って子どもたちと一緒にルールについて繰り返し確認すると、楽しく学べると思います。

（3）社会性を育む

社会性をどのようにとらえるかについては、心理学者の間でもその定義はないといわれていますが、一般的には周りの人とうまく関わっていくための基礎的な力であると考えられています。

園外での活動では、地域の大人や訪れた先の施設の職員など、さまざまな人と触れ合う機会があります。園内だけで過ごしていると、初対面の人や幅広い年代の人と親しくなる機会はあまりありません。散歩中には、地域の方々とすれ違うことも多いので挨拶をする練習になります。次の事例は、3歳児クラスの散歩の際の保育者の行動と子どもの姿です。

> 保育者は散歩の途中ですれ違う人々に元気よく「こんにちは！」と挨拶をしています。それを真似して子どもたちも「こんにちは！」と大きな声で挨拶をします。すれ違う人たちも嬉しそうに挨拶をしてくれます。横断歩道では、保育者が手をしっかりと挙げ、右と左を確認します。子どもたちも続いて手を挙げて左右を確認しています。

このように、保育者と周囲の大人のやり取りを直接見たり、保育者の行動を見ることで、子どもは自然に挨拶などの社会性を身につけていきます。保育者が子どもの手本となることが大事です。

また、集団で外に出かけるときには、順番を守ること、譲り合うこと、一人で勝手な行動をしないことなど、自分を抑えて友だちや周りの人を思いやり、協調していくことが求められます。きまりを守ることが、楽しい活動につながることを知り、自ら守ろうとする意欲を育みます。

さらに、園外保育には、周りの人と気持ちを共有することで、コミュニケーション力を養うというねらいもあります。園外保育にでかけて感動した体験や、楽しかった出来事などさまざまな感想を友だちや保育者、保護者に伝えます。自分で体験した事実や、感じたことを自分の言葉で表現することで、気持ちを他の人に伝える力や共感する喜びを育むことができます。

3 地域社会とつながる園外保育の事例

　ここでは、園外保育のねらいと目的に着目しながら、実際に園で行われた地域社会とつながる園外保育の事例について見ていきましょう。

（1）消防署見学

　ねらい：いろいろな仕事を知り、仕事の大切さや自分の将来の夢について考えるきっかけとなる。

　導入：働く車をテーマにいろいろな職業について考えたり、調べたりする。働く車の絵本を読む。働く車の絵を描く。

　いつもの散歩コースの途中にある消防署を見学に行きました。散歩のときには、消防士さんたちと挨拶を交わすことはありますが、中に入るのは初めてなので、子どもたちは興奮している様子です。中に入ると、はしご車が子どもたちを出迎えてくれました。火事の時はどうしたらよいか、「おかしも（お＝おさない・か＝かけない・し＝しゃべらない・も＝もどらない）」の約束を教えてもらいました。また、子ども用の防火服を順番に着せてもらって大喜びでした。最後はみんなで「ありがとうございました」と挨拶をして見学を終了しました。

　普段は道ですれ違ったり、テレビや絵本で見たりしていた消防車やはしご車に、実際に乗ったり触ったり、消防署の建物内まで見学させてもらい、子どもたちにとって消防署がより身近な存在になりました。この消防署見学の後、しばらくの間「消防士ごっこ」が遊びの中で展開され、消防署の仕事や消防士への感謝の気持ちが高まると同時に、将来消防士をめざす子どもたちが続出しました。

（2）電車に乗って少し離れた大きな公園へ

　ねらい：公共交通機関に乗るときのマナーを知る。初めての経験をとおして、好奇心や探求心を養う。

　導入：電車について調べたり、切符を作ったり、電車に乗るときの約束についてみんなで話し合う。

　電車に乗って少し離れた大きな公園に出掛けました。たったの3駅ですが、電車に乗る経験を通し、電車の乗り方や公共のマナーについて学ぶことができました。乗車駅では、子どもたちが作った手作り切符に、駅員さんがスタンプを押してくれました。「どんな電車が来るのかな？」ホームで待ってい

る間も子どもたちはドキドキしていました。電車が来ると子どもたちは嬉しそうに目を輝かせて、ホームと電車の隙間に気を付けながら素早く電車に乗り込みました。電車の中ではしっかり手すりに掴まり、周りの人たちに迷惑をかけないようきまりを守って静かに電車の乗ることができました。

園外保育の翌日に、電車に乗って大きな公園に行った体験を思い出して絵を描きながら振り返りを行いました。子どもたちは電車のこと、電車に乗るときのマナーなどについて友だち同士で気持ちを共有していました。その後しばらくは電車ごっこが遊びの中心になりました。子どもたちは、順番を守りながら交代で駅長さんや車掌さんになるなど、駅で働く人たちについても理解を深めた様子でした。

これらの2つの事例から、園外保育が地域にある消防署や駅、公園など、また地域で働く人たち、そこに暮らす人たちとの出会いの場であり、多くの学びにつながることが理解できたと思います。園外保育を行う際には、当日の活動だけに着目するのではなく、事前・事後の活動をつなげて、ねらいや目的をしっかりと設定することが大切です。

それではここで、みなさんも地域社会の施設を利用した園外保育を企画してみましょう。そして、その際のねらいと導入を設定し、グループで考えを共有してみましょう。

〔ワーク2〕地域社会の施設を利用した園外保育を企画しましょう。

①活動

②ねらい

③導入

④園外保育における環境整備と配慮事項

園外保育は、園の外に出て行う活動なので、いつも以上に安全への配慮が重要になります。ここでは、園外保育の環境整備を行う際の配慮事項について確認していきましょう。各園には園外保育に関するマニュアルがあり、それに沿って実施することが原則ですが、一般的に配慮すべき事項について確認します。

（1）事前の配慮事項

まず、園外保育のマニュアルを確認し、内容をしっかりと把握・理解する必要があります。そして、園外保育のねらいに合わせて、適切な距離と適切な場所を選定しましょう。距離だけではなく、目的地やルートの混雑度はどうか、保育者の目が行き届く環境にあるかなどの視点でチェックを行

い、行き先を決めます。行き先が決まったら、下見に行くことをお勧めします。一度自分で目的地を訪れてみると、当日に子どもが待機できそうな場所や、歩きやすい場所などに気づくことができます。ルートに危険はないか、お弁当をどこで食べたらよいか、トイレの場所や数など、確認すべき項目はたくさんあります。さらに、団体で行く場合は事前に申し込みが必要な施設もあるので、問い合わせをしておくと安心です。

　子どもたちが園外保育への期待と意欲を持って活動するためには、事前に十分な導入活動を行うことが重要になります。また、公共の場でのマナーや交通ルールについても事前にしっかりと確認を行っておきましょう。

（2）移動中の配慮事項

　徒歩での移動に際して、歩ける子どもの場合は、保育者あるいは友だち同士で手をつないで歩くようにします。この時保育者は車道側を歩くようにして、急な飛び出しなどに備えるなど、子どもの様子を常に確認しながら移動します。長い道のりの場合は、途中で休憩を挟むなどの工夫も必要です。地域の人たちとの関わりも大切なので、道で出会った地域の人に保育者が率先して挨拶をするとよいでしょう。

　電車での移動の際は、電車のドアに手を挟まれたり、ホームに落ちたりしないよう注意します。公共交通機関を利用するときは、ほかの利用者の妨げにならないよう、譲り合うことの大切さや、マナーの意味を伝えましょう。

（3）目的地での配慮事項

　まずは点呼をとり、子どもたち全員の状況を確認しましょう。それから目的地でのルールを子どもたちと一緒に再確認します。公園などでは、遊具の安全性や危険物がないかどうかのチェックも怠らないようにしましょう。また、博物館や動物園などの公共施設を見学する活動では、一箇所に集まって騒がしくなってしまうと、他の利用者の通行や鑑賞を妨げることになりますので、譲り合って見学するよう伝えましょう。

　特に自由時間は、保育者の配置に気をつける必要があります。全体を見渡せる場所には必ず一人付くようにします。あとは子どもたちの動きに応じて、保育者も臨機応変に動いていきます。そして、様子を見て子どもが興味や関心を高めるような声かけをし、子どもたちがより多くの刺激や感動を得られるように配慮します。

（4）帰園時の配慮事項と事後の振り返り

　帰園する前に、子どもの人数を確認します。出発時のリストに帰園時のチェックもできるよう作成しておくと確認しやすくなります。そのあと、健康状態を確認しましょう。普段とは違った環境で疲れていることにも配慮し、往路以上に安全に気を配ることが大切です。

　子どもたちには、園外保育後、あるいは翌日以降に振り返りを実施することで、興味や関心を広げていけるよう働きかけましょう。近所の公園で遊んだり、地域の施設に行ったりする園外保育で

は、子どもたちの好奇心が育まれるだけでなく、さまざまな感情を経験することで自分の気持ちをコントロールすることにもつながっていきます。そのため、子どもに園外保育の感想を聞いたり、思い出を絵に描いて残したりします。子どもたちは、自分が感じたことや楽しかったこと、嬉しかったことなどを自分なりに表現します。自分の感情を他の人と共有したり、さまざまな方法で表現したりすることが子どもの学びにつながります。

⑤子どもの環境としての地域社会

　地域社会には子どもたちが体験できるさまざまな施設があります。子どもたちの興味や関心に照らし合わせて、それらの施設での体験の機会をつくり、施設の必要性やそこで働く人たちなどについて知ることは、地域社会の仕組みを知るうえで大変重要です。そのためには保育者が地域社会とかかわりを持ち、地域の力を借りましょう。保育を園の中だけで完結するのではなく、地域社会に広げ、体験を重ねることで子どもたちの視野は広がり、多くの学びを得るのです。

　また、地域の中には小学校があります。園外保育においては、幼小接続を考慮に入れた小学校とのつながりも大切にしたいものです。例えば、小学校の運動会や発表会を見学したり、校内の施設や教室を見学したり、小学生と一緒に遊んでもらうといった体験もできれば、円滑な小学校への移行へとつながるのではないでしょうか。

【参考文献】
James J. Gibson（1979）, The Ecological Approach to Visual Perception（邦訳：ジェイムズ・J・ギブソン 著『生態学的視覚論—ヒトの知覚世界を探る』サイエンス社
厚生労働省（2018）『保育所保育指針解説』フレーベル館
文部科学省（2018）『幼稚園教育要領解説』フレーベル館
岩﨑淳子・及川留美・粕谷亘正（2019）『教育課程・保育の計画と評価　書いて学べる指導計画』萌文書林

コラム13：幼稚園・保育所・幼保連携型認定こども園を取り巻く保育資源や施設での保育体験

　幼稚園や保育所、幼保連携型認定こども園の敷地内だけで行うのが保育活動ではありません。幼稚園教育要領（文部科学省, 2017）、保育所保育指針（厚生労働省, 2018）、幼保連携型認定こども園教育・保育要領（内閣府・文部科学省・厚生労働省, 2017）、いずれにも、地域の自然、高齢者や異年齢の子どもなどを含む人材、行事や公共施設などの地域の資源を積極的な活用と、子どもが豊かな生活体験を得られるように工夫したり、配慮したりすることが提示されています。つまり、いつも生活している園外・所外にある地域の資源や施設にも目を向けて、積極的に活用し、保育体験を広げ、充実させていくことが推進されているのです。

　では、園・所を取り巻く保育資源や施設として、具体的にどのような資源や施設があり、どのような保育体験ができるでしょうか。

　たとえば、自然の資源として、園・所の近くにあるドングリやマツボックリが拾える森や公園、散歩ができる遊歩道、水遊びができる広場や川遊びが楽しめる場所などを、保育活動の場として活用することもできます。地域において季節ごとに行われている節句などの伝統行事や祭事も文化的な保育資源です。また、人材の資源の活用として、地域の高齢者に来園・来所をお願いし、おはなし会や伝統的な玩具づくりや遊び教えてもらったりする機会を作ったり、逆に、地域の老人福祉施設に子どもたちが訪問して、交流する機会を設定することも考えられます。

　さらに、次のような施設の活用も、保育体験の拡充につながります。たとえば、粘土、絵の具、段ボールなどを使った造形体験、鑑賞体験、音と光を使った活動など、触ったり、体感したりという活動ができる美術館もあります。科学館では、プラネタリウム鑑賞や天体観察会、科学実験、工作教室などいろいろな展示やプログラムが用意されており、科学の不思議さや楽しさを体験できる場所となっています。また、多くの図書館では本を読んだり借りたりするだけではなく、おはなし会、わらべ歌、紙芝居の会など、子どもが本に興味がもてるような取り組みが行われています。

　このように、地域の中にはたくさんの保育体験のできる場所、機会があります。ボランティアや実習等で関わりのある園・所がどのような保育資源や施設を活用しているか、調べてみましょう。

【参考文献】
文部科学省（2017）『幼稚園教育要領』フレーベル館
内閣府・文部科学省・厚生労働省（2017）『幼保連携型認定こども園教育・保育要領』フレーベル館
厚生労働省（2018）『保育所保育指針』フレーベル館

第14章
幼小接続をはじめとする地域
社会との関わり

　近年、幼稚園・小学校の円滑な接続や連携が重要な課題となっています。この章では、幼稚園・小学校の接続や連携について、現状を踏まえ、子どもにとってふさわしい幼小の接続や連携のあり方について学んでいきます。また、幼児と地域社会との関わりの意義について、事例を通して考えましょう。

1 乳幼児の就学前教育と小学校教育の接続

（1）幼稚園と小学校との連携の必要性

　近年、幼児期の教育と小学校教育との連携や接続が教育課題の一つとして注目を集めており、「幼小接続」「幼小連携」といった言葉が用いられています。幼小の「幼」は、幼稚園の「幼」ではなく、幼児教育の「幼」であり、幼稚園、保育所、認定こども園等における全ての幼児教育を表しています。それでは、なぜこの幼児期の教育と小学校教育との連携や接続がクローズアップされるようになったのでしょうか。

　1990年代に「小1プロブレム」という概念が着目されるようになりました。「小1プロブレム」とは、「小学校に就学した1年生が、授業中に立ち歩きや私語、自己中心的な行動をとる児童によって、学級全体の授業が成り立たない現象」といった小学校への不適応の問題です。2005（平成17）年の中央教育審議会答申「子どもを取り巻く環境の変化を踏まえた今後の幼児教育の在り方について」でも、基本的生活習慣、コミュニケーション能力などとともに、学校への不適応についての問題点が指摘されています。当初、その原因を遊びが中心である幼児教育にあるのではないかといった誤った認識も広がりました。しかし、徐々に、小学校に入学したばかりの児童には、これまで幼稚園や保育所等で過ごしてきた環境から小学校生活への移行時に戸惑いや段差を強く感じる傾向があることがわかってきました。そこで、その戸惑いや段差からくる不安を解消することが重要視され、幼稚園や保育所等と小学校の連携を必要とする動きが加速することになったのです。

　〔ワーク1〕小学校に入学したばかりの1年生にとって、どのような戸惑いや不安があると思いますか。また、その戸惑いや不安をどのようにしたら軽減することができると思いますか。自分で考え、グループでも共有してみましょう。

　今日では、幼稚園や保育所等と小学校との間で、就学に向けた事前の連携を行うことが強く求められていますが、そのように至った背景には、「小1プロブレム」などの学校不適応の問題の他に、少子化や核家族化といった子どもを取り巻く社会構造の変化も影響しています。子どもは、かつてきょうだいや近所の年上の子どもたちの姿を見ながら、自分自身のこれからの成長をイメージすることができました。少子化や核家族化が進んだ現代においては、身近にモデルが少なく、自身がどのように成長していくのかといった見通しを思い描くことが難しくなっているのです。さらには、幼稚園や保育所等と小学校の教育の違いについて、双方が十分に理解し合ってこなかったことも接続の段差をそのままにしてしまった原因とも考えられています。

（2）幼児期の教育と小学校教育の円滑な接続

　幼児期の教育と小学校教育の円滑な接続のためには、保育者と小学校の教師が幼児期と児童期の発達の流れや、長期的視点から双方の学びの違いを理解し連携し、より連続的な学びのために協力していくことが重要となります。2010（平成22）年11月に報告された「幼児期の教育と小学校教育の円滑な接続の在り方について（報告）」では、幼児期と小学校の教育が連続性・一貫性を確保し、体系的な教育を組織的に行われるようにすることが打ち出されました。また、幼児期と児童期の教育の目標は「学びの基礎力の育成」であり、幼児期の「学びの芽生え」の時期から、児童期の「自覚的な学び」の時期への円滑な移行が重要とされています。同報告によると、「学びの芽生え」とは、「学ぶということを意識しているわけではないが、楽しいことや好きなことに集中することを通じて、様々なことを学んでいくことであり、幼児期における遊びの中での学び」のことでと示されています。一方、「自覚的な学び」とは、「学ぶということについての意識があり、集中する時間とそうでない時間（休憩の時間等）の区別がつき、与えられた課題を自分の課題として受け止め、計画的に学習を進めることであり、小学校における各教科等の授業を通した学習」のことと記されています。

（3）育みたい資質・能力と幼児期の終わりまでに育ってほしい姿

　2017（平成29）年3月には、幼稚園教育要領、保育所保育指針、幼保連携型認定こども園教育・保育要領、小学校学習指導要領等が改訂され、幼小接続は一層重視されることになりました。また、幼児期から高等学校にまたがって、「知識及び技能」「思考力、判断力、表現力」「学びに向かう力、人間性等」といった共通した3つの資質・能力を育てることが明記されました。今後は、長期的視点から接続を考え、校種を問わず連携をしていくことの重要性が問われていくようになります。さらに今回の改訂で「幼児期の終わりまでに育ってほしい姿」が新たに提示され、小学校就学時の具体的な子どもの姿を幼稚園や保育所等と小学校の双方で共有することが求められています。「幼児期の終わりまでに育ってほしい姿」とは、「健康な心と体」「自立心」「協同性」「道徳性・規範意識の芽生え」「社会生活と関わり」「思考力の芽生え」「自然との関わり・生命尊重」「量・図形、文字等への関心・感覚」「言葉による伝え合い」「豊かな感性と表現」の10項目に分けて示されているため「10の姿」ともいわれています。この「幼児期の終わりまでに育ってほしい姿」は、小学校

就学時にまでに達成すべき、あるいは到達させるべき目標ということではなく、あくまでこうした姿を意識して幼児の発達の個人差に留意しつつ、保育を振り返ったり、計画したり、実践していくための方向や目標であるということです。また、5領域の「ねらい」や「内容」を整理し直されて書かれているものが多く、5歳児後半の育ちや学びの姿がイメージしやすくなっています。保育者と小学校の教師が「幼児期の終わりまでに育ってほしい姿」を理解することによって、接続期の子ども像が共有され、円滑な接続ができるようになるのです（図14-1）。

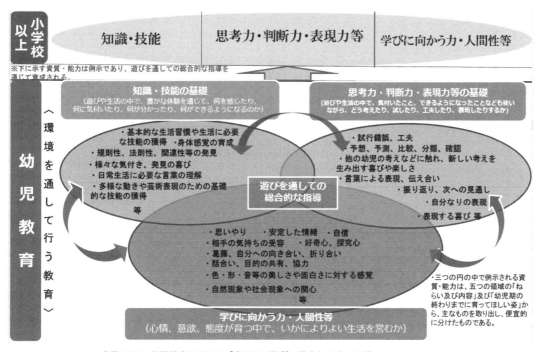

●図 14-1　幼児教育において「育みたい資質・能力」の3つの柱

出典：文部科学省（2016）「幼児教育部会における審議のとりまとめ」

②幼小接続期の子どもと保護者を支える取り組み

（1）子どもの戸惑いと小学校の工夫

就学したばかり子どもたちは、園生活と異なる小学校生活において、さまざまな戸惑いや不安を感じたりします。例えば、建物の大きさや校庭の広さ、階段の高さ、登下校時の荷物の多さ、新しい先生や友だち、年の離れた上級生の存在、園では一番年上であったのが一番年下となる立場の変化などがあります。また、小学校では教科や45分ごとの時間割に沿った学習や生活に対する戸惑いもあります。

子どもの戸惑いや不安への配慮として、小学校では45分の授業時間を15〜20分程度の短い時間で構成するなど弾力的な時間割を設定したりしています。また、絵本や、工作素材などを置いたコーナーを園の環境と同じように設置したり、幼児期に親しんできた手遊びや絵本の読み聞かせを学習活動に取り入れたりするなどの工夫も行われています。

（2）保護者の不安や悩み

　就学の際には、子どもだけでなく保護者も不安や悩みを感じています。子どもが小学校の生活にスムーズに移行することは、保護者の不安や悩みを軽減することにもつながります。地域によっては、就学前の子どもと保護者が小学校を訪問し、授業を見学したり校内を自由に探索したり、また、直接不安や質問に応じる相談コーナーを設けたりして、保護者の不安を和らげるような取り組みも行われています。今後、幼稚園や保育所、認定こども園と小学校が組織的・継続的に連携体制を構築し、保護者支援にあたることが重要となるでしょう。

③幼小の接続カリキュラム

（1）接続カリキュラム

　幼稚園や保育所等では計画的に環境を構成し、遊びを中心とした生活を通して体験を重ね、一人ひとりに応じた総合的な指導を行っています。一方、小学校では、時間割に基づき、各教科の内容を教科書などの教材を用いて学習しています。このように、双方では生活スタイルや教育方法が異なります。子どもが幼稚園や保育所等の生活から、小学校の生活や学習活動に滑らかに移行できるように工夫された学習プログラムが接続カリキュラムです。接続カリキュラムのうち、小学校入学が近づいた時期に小学校生活への期待感を高めるための幼稚園や保育所等におけるカリキュラムを「アプローチカリキュラム」といいます。また、小学校に入学した子どもが主体的に自己を発揮し、新しい学校生活を創り出していくための小学校のカリキュラムを「スタートカリキュラム」と呼びます。地域や各小学校、各園によって異なりますが、5歳児後半の9月頃から3月までを「アプローチカリキュラム」、小学校1年生の1学期を「スタートカリキュラム」としている場合が多いようです。

（2）アプローチカリキュラム

　幼稚園などにおけるアプローチカリキュラムとは、就学前の幼児が円滑に小学校の生活や学習へ適応できるようにするとともに、幼児期の学びが小学校や学習で生かされてつながるように工夫された5歳児後半のカリキュラムのことです。小学校生活の前倒しではなく、園での生活や活動を通して、友だちとの話し合いや、自分の伝えたいことを発表する機会を増やしたり、集団遊びや協同的な活動の機会を設けたりしています。また、普段の生活の中で、あいさつや返事を進んでしたり、数や時計を意識させたりもします。保育所等では午睡を行わないようにするなど生活面での配慮も行われています。

（3）スタートカリキュラム

　小学校におけるスタートカリキュラムとは、生活科を中心として各教科などの内容を合科的・関連的に扱うなど、小学校生活のスタートが円滑になるように工夫されたカリキュラムです。たとえば、生活科における「学校探検に行こう」の単元では、探検で見つけたものの絵を描いたり、発見して不思議に思ったことを友だちと伝え合ったりするなど、図画工作や国語などと統合したり関連

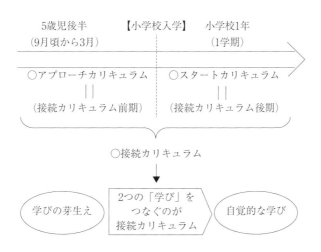

図 14-2　接続カリキュラムと学びの関連
出典：木下光二（2020）『遊びと学びをつなぐこれからの保幼小接続
カリキュラム』チャイルド本社 p. 90 を参考に筆者作成。

づけながら学習効果を高めたりします（図 14-2）。

④幼小連携のさまざまな交流

（1）子ども同士の交流

　幼小連携の交流としては、まず、子ども同士の交流が挙げられます。例えば、園の子どもたちが小学校を訪問して小学生から学校生活について教えてもらったり、一緒におもちゃを制作したり、給食を食べたりします。また、小学生が園を訪問して子どもたちに読み聞かせをしたり、一緒に遊んだりします。

〔事例 1〕小学校訪問（5 歳児）

　園では、近くにある小学校と日頃からさまざまな交流が行われています。この日は、小学校を 5 歳児が訪問し、学校生活について教えてもらう日です。5 年生のお兄さん、お姉さんが最初に校歌を歌って園児を歓迎してくれました。その後、園児 1 人に児童 1 人が付き添い校内を案内してくれました。シノちゃん（女児）の手を引いて案内してくれたのは、女子児童のコトノさんです。「4 月からここに通うんだよ」「お友だちもたくさんできるよ」と優しく話してくれました。理科室では、棚に試験管やビーカー、フラスコなどガラスの器材がたくさん置いてあり、「これは実験に使うんだよ」「隣りの準備室には骸骨があるんだよ」と教えてくれました。また、図書室にはたくさんの本が並んであり、シノちゃんはびっくりしました。教室では小学校の先生のお話を机に座って聞き、みんなで一緒に給食を食べました。コトノさんは、シノちゃんに「先生は怒ると怖いけど、普段はやさしいよ」と教えてくれました。シノちゃんは、自分の手を引いて案内してくれたり、いろんなことを教えてくれたコトノさんたち 5 年生をとっても頼もしく感じました。そして、園にはないものを実際に目にしたり、学校生活を体験したりすることで楽しみが増し、早く小学校に通いたいと思ったようです。

　園の子どもにとっては、実際に小学校を見学し、児童との交流を通して小学校の環境が身近なものとなり、小学生に対する憧れを抱くとともに、入学への期待を高めることができます。一方、小学生にとっては、年下の子どもへの思いやりの心を育んだり、自分の成長を感じたりする機会になるなど、双方の子どもたちにとって有意義な活動だといえます。

〔ワーク2〕園児や小学生の交流は、具体的に双方にとってどのような長所、あるいは短所があると思いますか。自分で考え、グループでも共有してみましょう。

（2）保育者と小学校教諭の交流

　幼稚園や保育所等と小学校では、子どもの生活や教育方法が異なっているため保育者と小学校の教師は、互いの教育内容や教育方法について十分に理解し合えていない場合も考えられます。子どもの発達を長期的な視点で捉え、互いの教育内容や指導方法の違いや共通点について理解を深めていくことが大切です。合同の研修会などにおいて、事例を持ち寄って具体的な子どもの様子に関して意見交換を行ったりします。また、保育参観や授業参観をし合いながら相手の教育について学んでいきます。保育者と小学校の教師が相互理解を深めていくことが求められています。

（3）資料や連絡協議会による交流

　幼児期の育ちと学びを小学校へつなげるため、幼稚園では「幼稚園幼児指導要録」、保育所では「保育所児童保育要録」、認定こども園では「幼保連携型認定こども園園児指導要録」を小学校へ送付することが義務づけられています。各「要録」には一人ひとりの子どもが成長してきた過程について総合的に記載されていて、子どもに関する情報を共有し、子どもの育ちを支えるための資料となっています。このように、資料を通して小学校の教師が子どもの良さや特性を知ることも、円滑な接続に向けた取り組みの一つです。要録の他に、幼稚園や保育所等の保育者と小学校の教師とが集まって、指導上配慮の必要な子どもについて話し合う「連絡協議会」などが行われます。さらに園生活の中で配慮の必要な子どもが就学する際、気をつけてほしいことを保育者と保護者で話し合って作成する「就学支援シート」というものがあります。シートの提出により、幼稚園や保育所等と小学校が該当する子どもへの具体的な支援方法について話し合うきっかけになります。

⑤ 小学校以外とのさまざまな交流

（1）中学校や高校との交流

　幼稚園や保育所等は、小学校との交流以外にも中学校や高校ともさまざまな交流を行っています。職場体験で幼稚園や保育所等を中学生が訪れたり、家庭科の授業で中学生や高校生が園児と交流し

たりします。

〔事例2〕高校生との交流（5歳児）

> 園では、近くにある高校と日頃からいろいろな交流を行っています。この日は、家庭科の授業で高校1年生が園を訪れ、園児と1日過ごす日です。
>
> 午前10時にあらかじめ決められた保育室に入らなければならないのですが、タツヤ君（高校1年男子生徒）は、「オレ、いいよ。子ども苦手だから」と言ってなかなか保育室に入りたがりません。家庭科の先生に促されてしぶしぶ5歳児の部屋に入っていきました。タツヤ君は一人っ子で弟や妹がおらず小さい子とどう接していいかわからなかったのです。その後、タツヤ君は、ユウマ君（5歳男児）とペアになり、積み木で遊んだり、園庭の砂場でトンネルを掘ったり、身体を使ったゲームをしたりして過ごしました。お弁当を食べる頃には、すっかりユウマ君と仲良くなっていました。午後からは、タツヤ君はユウマ君の要望に応じて、ダンゴムシを探したりして遊びました。
>
> そして、帰るころには、ユウマ君の「また絶対遊びに来てよ」という言葉に、「わかった、また、絶対遊びに来るよ」とタツヤ君は答えました。そして、「オレ、ユウマ君を自分の弟にしたいな」とつぶやいたのでした。

　近年は、少子化の影響で、きょうだいや近所の子どもの面倒をみたりした経験がないままに大人になっていく場合が多くなっています。中高生が乳幼児と触れ合うことを通して、幼い命の大切さを学んだり、子どもを理解したり、将来の子育てに対する肯定感を高めることにもつながっていきます。また、職場体験等がきっかけで保育者を志望する場合も少なくないようです。

〔ワーク3〕タツヤ君とユウマ君の交流は、具体的に双方にとってどのような影響があると思いますか。自分で考え、グループでも共有してみましょう。

（2）高齢者施設との交流

　「幼児期の終わりまでに育ってほしい姿」の中に、「社会生活との関わり」が示されたように、身近な地域の人との交流かかわりが幼稚園や保育所等には求められています。高齢者施設と継続的にさまざまな交流を行っている園もあります。

〔事例3〕園と高齢者施設との交流（5歳児）

> 　園では、年に数回、近隣にある高齢者施設を訪問し、子どもたちは、おじいちゃん、おばあちゃんと七夕には、おおきな笹に自分たちが作ったかざりを一緒に飾ったり、運動会やお遊戯会で発表したダンスを披露したり、歌をうたったり手遊びやゲームをしたりして交流しています。
>
> 　普段は、「自分のお家に帰りたい」とつぶやくことが多く、口数の少ない一人のおばあちゃんが交流の日にキラキラ目を輝かせ拍手で子どもたちを迎え入れてくれました。そして、子どもたちの前で、「整列、気をつけ、礼」と号令をかけました。はじめは、びっくりしていた子どもたちも、次第に、それがゲームのような気持ちになり、そのおばあちゃんの前で立ったり、座ったり。ケラケラ笑いながら過ごす子どもたちに、おばあちゃんの声や表情も活き活きとなりました。そのおばあちゃんは、昔、小学校の先生をしていたそうで、子どもたちを見ると、昔を思い出すようでとても元気になります。その様子を見ていた介護職員の方々は涙を流していました。
>
> 　子どもたちと手をつないだり歌ったりといった触れ合いが、高齢者にはとても良いそうです。また、おじいちゃん、おばあちゃんは自分たちのどんな行動に対しても喜んでくれたりほめてくれたりと肯定してくれるので、子どもたちは交流の日をとても楽しみにしています。

　近年、核家族化の影響でおじいちゃん、おばあちゃんと一緒に暮らしたり、触れ合ったりする機会も減ってきています。高齢者施設との交流を通して、高齢者を身近に感じたり、いたわったり、おじいちゃん、おばあちゃんに喜んでもらえたことで自己有用感を高めることができます。このような体験が、世の中にはさまざまな人がいることを知るきっかけとなり、他者に対する思いやりの心を育むことにもつながるのです。

【参考文献】
幼児期の教育と小学校教育の円滑な接続の在り方に関する調査研究協力者会議（2010）『幼児期の教育と小学校教育の円滑な接続の在り方について（報告）』
森上史郎・柏女霊峰編（2015）『保育用語辞典（第8版）』ミネルヴァ書房
文部科学省幼児教育部会（2016）『幼児教育部会における審議の取りまとめについて（報告）』
文部科学省（2018）『幼稚園教育要領解説』フレーベル館
木下光二（2020）『遊びと学びをつなぐ　これからの保幼小接続カリキュラム』チャイルド本社
文部科学省（2021）『幼児の思いをつなぐ指導計画の作成と保育の展開』チャイルド本社

コラム14-1：子どもたちの避難訓練について知ろう！

　日本は「災害大国」といわれています。毎年のように台風や大雨の被害が報道されていますし、大きな地震も発生しています。また、自然災害以外にも火災など災害に見舞われる場合もあります。将来、保育者となって幼稚園・こども園・保育所で働くことになれば、何らかの災害が発生したときに子どもの命を守ることができるのは保育者だけです。

　今回は、千葉県にある認定こども園の先生方に、避難訓練で子どもたちに伝えていること・保育者が心がけていることを教えていただきました。

【避難訓練の種類】

　年に３回行われる大規模な避難訓練の他に、毎月「ワンポイント避難訓練」が行われています。「ワンポイント避難訓練」は、月ごとの「ねらい」をもって実施されます。たとえば、４月は「防災頭巾をかぶってみよう」、６月は「ベルが鳴っても慌てず静かに移動しよう」、10月は「保育室外での活動中での避難方法を知ろう」等です。万が一のときに子どもたちが落ち着いて行動できるように、また保育者が子どもを安全に誘導できるように備えています。

●写真① ４月「防災頭巾をかぶってみよう」

●写真② ６月「ベルが鳴っても慌てず静かに移動しよう」

【子どもたちに伝えていること】

　保育室にいるときに災害が起こるとは限りません。例えば地震発生時に自分の机の近くにいない場合、近くの机にもぐって自分の身を守るように普段から伝えています。また、突然のベルの音に驚いて泣き出す子ども、非日常的なことに戸惑う子どもなど、子どもの反応は様々です。保育者が

> 避難のときは「お・す・し・も」が合言葉！
> ●「お」おさない
> ●「す」すばやく
> ●「し」しずかに
> ●「も」もどらない

あいまいな指示を出すと、子どもには伝わりません。「上履きのまま外に行くよ！」「おそとのジャングルジムのところで待ち合わせよ！」等、わかりやすく伝えています。

　こちらの園は東京湾に面した場所にあり、津波に備える必要もあります。津波が来たら、隣接す

る中学校の屋上へ避難するようになっています。このように園の周辺がどのような環境であるかによっても災害対策は異なります。災害が起こったときは子どもだけでなく大人も不安や恐怖に襲われ、冷静な判断が難しくなる場合があります。様々な想定で訓練を行い、実際に災害が起こった際には明確・的確な指示で子どもたちを迅速かつ安全に誘導する必要があります。

【事例協力園】認定こども園 清和大学附属金田幼稚園（千葉県木更津市）

コラム14-2：子どもの安全をまずは考えよう！！

「令和2年教育・保育施設等における事故報告集計（厚生労働省,2021）」にて報告された死亡事故や30日以上治療を要する怪我や病気の報告件数は2,015件でした。そのうち5件は死亡事故です。
　幼稚園・保育所・幼保連携型認定こども園は、保護者に代わって乳幼児を保育する場所です。一番大切なことは子どもの安全を守ることです。しかし、残念ながら子どもが事故で亡くなるという最悪の事態が発生している事実もあります。子どもたちを危険にさらさないために、園内・所内はもちろん、公園などでの保育中も、しっかりとした安全対策を取る必要があります。ここでは、幼稚園・保育所・幼保連携型認定こども園で考えられる危険とその安全対策について、考えてみましょう。

● **子ども同士や物などとの接触**

対策
> 机や棚などは、子どもの動線を考えて配置しましょう
> 遊びの最中に、不意に衝突することがないよう配慮しましょう

● **遊具などからの転落**

対策
> 転落しても「けが」をしにくいようマットなどを配置し、安全な環境をつくりましょう
> 遊具を定期的にチェックし、部品破損などによる転落を防ぎましょう
> 雨の後の遊具はしっかり拭き、水濡れによる滑りやすさを取り除きましょう

● **午睡中の窒息やSIDS（乳児突然死症候群）など**

対策
> 午睡中の呼吸は、定期的に確認をしましょう
> 布団が顔にかかってないか、暑すぎないかをこまめに確認しましょう

● **給食での食物アレルギー**

対策
> アレルギー状況について、定期的に保護者に確認しましょう
> アレルギー、アナフィラキシー、アナフィラキシーショックなどについて最新で正しい知識を学び、実際に起きた場合に対応できるように備えておきましょう
> 発作時の対応マニュアルを作成し、確認しておきましょう

　このほかにも、地震や火事、不審者の侵入等、起こるかもしれないたくさんの危険な状況があります。安全対策だけなく、対応方法を考えて、準備をしておくことが大切です。

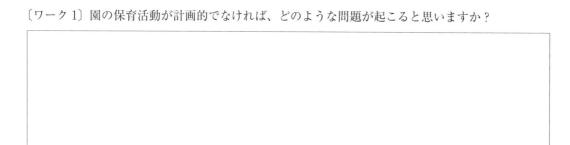

第15章
指導案の書き方・ポイント

1 指導案とは何か

（1）なぜ、指導案を書くのだろうか

　園における保育・教育活動は、保育所であれば『保育所保育指針』、幼稚園であれば『幼稚園教育要領』、認定こども園であれば『幼保連携型認定こども園教育・保育要領』に則って実施されます。こうした指針や要領を基にして、園では自園の特色を活かした保育・教育目標の設定や目標を達成するための基本方針が掲げられ、子どもの実態や園内・園外環境に応じた指導の重点を決めていきます。子どもたちが心身ともに健康で充実した生活を送るためには、園全体の物的・人的環境を組織的・計画的・系統的に整える必要があります。もし、園の保育活動が計画的に行われなかったら、どのような問題が起こと思いますか？一度、考えてみましょう。

〔ワーク1〕園の保育活動が計画的でなければ、どのような問題が起こると思いますか？

　たとえば、「明日、みんなでお芋ほりに行こう！」と思いついたとして、実現させることは可能でしょうか。天候の問題、受入れ先の状況、行き帰りの交通機関をどうするか、予算等々、特に行事を実施する際には事前準備が必要になります。また、日々の保育活動においても、その場しのぎの保育をしておれば、活動中に素材や用具が足りず、子どもたちがしたい遊びを実現させることができなくなりますし、数多くの魅力的な素材や用具を用意しても、子どもの発達に合ったものでなければ、意味を成しません。こうしたことを防ぎ、計画性のある指導によって、子ども一人ひとりの発達を保障するために指導案を作成します。

（2）指導案の種類

　指導案には、年間計画、月案、週案、日案の4つの種類があります。年間計画と月案は長期指導案といい、週案と日案は短期指導案と呼ばれています。園の教育方針をもとにして、園長と保育者が話し合って、まずは1年間の年間計画が立てられます。年間計画では、表15-1のように、園生活全体の流れが示されます。月案は、年間計画を具体化するために1ヶ月単位で作成する指導案のことであり、週案は、この月案を実施するために1週間単位で作成される指導案、日案は、週案を

実施するための1日単位で作成される指導案です。

●表15-1　園における年間計画4〜10月の例（4歳児）

月	4　　　5　　　6	7　　　8	9　　　10
期	Ⅰ	Ⅱ	Ⅲ
幼児の姿	・年中児になった喜びや期待をもって園するが、中には新しい生活に戸惑い不安に感じている幼児もいる。 ・身の回りの始末や着替えは、みんなで行うことで、スムーズに行えるようになる。 ・園生活の中で、自分の思いが十分に伝えられず、黙って泣いたり、かんしゃくを起こして伝えようとしたりする姿がみられる。 ・友達と関わって遊ぶ事が増え、好きな遊びに友達を誘って遊ぶ姿も見られる。	・園生活のリズム慣れ、ほとんどの幼児が自分の身の回りの事を一人でできるようになる。 ・心身の安定とともに行動範囲が広がり好きな遊びをみつけて遊ぼうとする。 ・遊ぶ中で自分の気持ちや欲求を通し過ぎて、友達とトラブルを起こし教師に助けを求めてくる。 ・暑くなるにつれ自然に水に目を向けるようになり、水と関わって遊ぶ子どもが多くなる。 ・動植物や自然に対して関心をもち、育てている野菜の生長を喜び、世話をしている。	・2学期の最初は、登園を不安がる子もいるが徐々に生活のリズムを取り戻し、自分のことは自分でしようとする。 ・異年齢児と関わる機会が増えることで異年齢児の活動に関心をもったり、親しみの気持ちをもったりする気持ちが強くなる。 ・運動会遊びを通して自分たちで準備をし、繰り返し遊ぶ姿がみられる。 ・気の合う友達ができ、友達とのつながりを求め、気に入った場所を見つけて遊ぶ。
☆ねらい ○内容　健康な心身	☆生活の仕方が分かり、自分でできることは、自分でしようとする。 ○先生と一緒に身の回りの始末の仕方を覚える。 ○着替えの仕方を知る。 ○食事の準備や片付けの仕方など年中児としての生活の流れや簡単な約束を知る。	☆教師や友達と関わりながら、一緒に遊ぶことを楽しむ。 ○自分で好きな遊びを見つけて遊ぶ。 ○戸外で体を思い切り動かして遊ぶ。 ○汗をかいたら拭く、濡れた時には着替えるなど健康に過ごすための生活の仕方を知る。	☆戸外で十分に体を動かして、友達と一緒にいろいろな遊びを楽しむ。 ○運動会に興味をもち、親しみ楽しんで参加する。 ○体を動かして遊ぶ心地よさを感じる。 ○いろいろな遊びに興味をもって自分から取り組む。
人・環境	☆先生や友達に親しみ、喜んで登園する。 ○新しい先生に親しみをもち、かかわって遊ぶ。 ○友達と一緒に同じことをしたり、ふれあったりして遊ぶ。 ○戸外の遊具や新しいおもちゃの使い方を知り、それを使って遊ぶことを楽しむ。	☆身近な自然に触れて見たり遊んだりすることに興味をもつ。 ○水・土・砂などの感触を十分に味わう。 ○野菜の生長を楽しみに世話をする。 ○友達や教師と一緒に野菜の生長に気づいたり、虫やきれいな花を見つけたりする。	☆秋の自然に触れ、遊びに取り入れて興味や関心をもつ。 ○散歩に出かけ、自然の変化を知る。 ○どんぐりや松ぼっくり、落ち葉を使っていろいろな遊びをする。 ○異年齢児の友達にたいして親しみをもって接したり一緒に遊んだりする。
思考力・伝達力・表現力	☆自分の感じたことや思ったことを言葉で伝えようとする。 ○発見や驚き、疑問などを先生に喜んで話す。 ○困ったことや、してほしいことなど教師に話をする。 ○絵本や紙芝居を喜んで見たり聞いたりする。	☆思ったことや考えたことなどを言葉で表現しようとする。 ○自分の思いや願いを教師や友達に言葉で伝える。 ○絵本や童話などに親しむ。 ○歌や曲に合わせて楽器を使ったり、踊ったりして遊ぶ。	☆遊びの中で感じたことや考えたことを表現しようとする。 ○見たことや感じたことなどを教師や友達に話すとともに、友達の話を興味をもってきく。 ○音楽に合わせて、歌ったり体を動かして遊ぶ。 ○いろいろな行事を通して感じたことや考えたことを様々な方法で表現する。

遊び	ままごと、砂場遊び、スケーター、小麦粉粘土、固定遊具、サーキット遊び、虫取り、お化け屋敷ごっこ、積木	ままごと、砂場遊び、固定遊具、小麦粉粘土、色水遊び、シャボン玉、スライム、ヒーロー・プリキュアごっこ遊び、楽器遊び	ままごと、砂場遊び、スケーター、固定遊具、玉入れ、大玉転がし、リレー、バルーン、リズム遊び、お店屋さんごっこ、製作遊び、カプラ
◇環境構成・援助	◇靴箱・ロッカー・タオル掛けなど持ち物置き場には、各自の目印のシールを貼り覚えやすくしておく。 ◇友達と同じ物を持って遊ぶ事ができるように材料や用具を多めに準備しておく。 ◆笑顔で挨拶を交わしたり、話にじっくり耳を傾けたりし、幼児一人一人と十分に関わり、信頼関係を築いていく。 ◆子どもの感動や気づきを受け止めたり、共有したり、共感しながら子どもの思いを理解する。	◇子どもたちが自分から遊びや活動に取り組めるように環境を構成する。 ◇教師や友達の話をみんなで聞く機会を作るようにし楽しい話をすることで集中してきける雰囲気をつくる。 ◆教師も一緒に遊びながら、友達の言葉や動きに気づけるように声をかけて知らせていく。 ◆トラブルが起こった時には、互いの思いを伝えるように代弁し、仲間になっていくための必要な言葉や返事があることを知らせていく。	◇戸外で体を動かして遊ぶ事ができるような遊具や用具を考え、いろいろな運動遊びが経験できるようにする。 ◇地域にある公園に出かけ、木の実や落ち葉を拾い自然の変化にきづけるようにする。 ◆早く園生活を取り戻せるように、様子を見ながら個々に応じて声掛けをする。 ◆やってみよう。がんばろうと思えるように、している姿っを十分に誉め、一緒に喜び自信をもって意欲的に活動できるようにする。
連携	・家庭訪問や送迎時に園生活の様子をしらせる。 ・家庭での様子を聞き、子どもを理解する。	・個人懇談で子どもの成長や課題を伝える。 ・お楽しみ会に地域の人に参加してもらい、触れ合うことで親しみをもてるようにする。	・運動会での配置図や競技内容を知らせ、家庭でも話ができるようにする。 ・地域の方の畑でサツマイモを掘らせていただく。
特別支援	・生活の仕方や一日の流れが分かるように、絵カードや文字を使って知らせる。 ・個々に連絡帳を作り、家庭の様子や園の様子を知るし、子どもの特性が分かるようにする	・クラスでの活動に興味をもって参加できるように、個々にすることを知らせたり、少しずつ参加するように促したりする。	・運動会の練習が続くことで集中できなかったり、気持ちが不安定になる時には、クラスから離れ、気持ちが安定できるようにする。
行事	始業式、入園式、検尿、家庭訪問、こどもの日のお祝い会、歯磨き指導、春の遠足、土曜参観、内科検診、身体測定、避難訓練、誕生日会、力健体育あそび、保育参観	歯科検診、プール開き、交通安全指導、七夕祭り会、おたのしみ会、個人懇談、終業式、身体測定、避難訓練、誕生日会、力健体育あそび、保育参観	始業式、運動会、秋の遠足、いもほり、消防自動車見学、身体測定、避難訓練、誕生日会、力健体育教室、保育参観
絵本	「月刊絵本」「そらまめくんのベット」「くれよんのくろくん」「14ひきのピクニック」「おおきくなるっていうことは」「はらぺこあおむし」「きゃべつくん」	「からすのぱんやさん」「いちにちおもちゃ」「ももたろう」「ねずみくんのチョッキ」「たなばたまつり」「おばけのきもだめし」「のっぺらぽう」「おいてけぼり」「きゃべつくんとぶたやまさん」	「つきをあらいに」「いいからいいからシリーズ」「ねずみのいもほり」「おむすびころりん」「じしんがきたら」「14ひきのお月見」「あきかぜのほねほねさん」

筆者作成

　保育・教育実習の場合、部分実習や責任実習を任された際に指導案を作成する必要がありますので、実習オリエンテーションの際に、園の年間指導計画を見せてもらっておくことをお勧めします。

2 指導案を書いてみよう

（1）指導案に記載する内容について

　指導案には、みなさんの所属校や園によって様式が異なる場合がありますが、基本的には①子ど

もの姿、②ねらい、③内容、④環境構成、⑤予想される子どもの活動、⑥保育者の援助・配慮・留意点の6項目で構成されています。以下は、それぞれの項目に記載する内容と記入例です（表15-2）。

●表15-2　指導案の様式例（A幼稚園の計画を参考にして筆者作成）

月　　日　　曜日		実習生氏名	
歳児　　　　組　　　　人（　男児　　人　/　女児　　人　）			
子どもの姿	・ ・	ねらい	
		内容	
時間	環境構成	予想される子どもの活動	保育者の援助・配慮・留意点
		（中略）	

①子どもの姿

　子どもの姿には、クラス全体の状況や子どもの活動の様子を記入します。具体的には、子どもが何の遊びをしているか、夢中になっていること、意欲的に取り組んでいること、友達関係の状況や課題、基本的な生活習慣が身に付いているかどうかといったことを書きます。

【記入例】
・集めてきた自然物を触ったり、遊びに使ったりする姿が少しずつ増えてきた。
・空き箱やカップなどの素材を使って、見立てたり、遊びに必要なものを作っている。
・友達と一緒にいる楽しさがわかってきたようで、何人かが寄り集まって遊ぶ姿が見られる。
・今まで接することの少なかった友達と遊んだり行動したりするようになった。
・みんなで一緒にした遊びが楽しくて、自分たちだけでやり始めることが増えている。
・ダイナミックな遊びの中に入って遊ぶのが苦手な子もいる。
・登園・降園準備など、自分だけでできるようになってきている。

②ねらい

　ねらいとは、子どもが生活全体を通して、さまざまな体験を積み重ねる中で、生きる力の基礎である「心情・意欲・態度」を育むための目標のことです。ねらいには、「子どもが、こう育ってほしい」という保育者の願いが込められますが、あくまでも子どもが主体であり、「子どもを、こう育てたい」や「子どもに、こんな能力を身に付けさせたい」という保育者の願望を優先しないように注意しましょう。子どもが主語になるように、記入することがポイントです。

【記入例】
・友達と一緒に、試したり、工夫したりして遊びを進める楽しさを味わう。
・簡単なルールを守りながら、運動遊びを楽しむ。
・身近な自然に触れて見たり遊んだりすることに興味や関心をもつ。
・秋の自然に触れ、遊びに自然物を取り入れて季節感を味わう。
・遊びの中で感じたことや考えたことを、言葉や絵で表現しようとする。
・歌を歌ったり、楽器に触れることを楽しむ。
・生活の中で自分のできることは、自ら進んでしようとする。

③内容

　内容とは、ねらいを達成するために、子どもに体験してほしい具体的な活動のことです。たとえば、子どもたちがボール遊びをしている様子を保育者が見て、遊びをもっと盛り上げるために、ルールのある遊びの楽しさを味わってほしいと考えたとします。ねらいには「簡単なルールを守りながら、ボール遊びの楽しさを味わう」、内容には「ころがしドッチボールをする」と書きました。「（内容）ころがしドッチボールをすることを通して、（ねらい）簡単なルールを守りながら、ボール遊びの楽しさを味わう」ことを達成するという意味になります。

【記入例】
（ねらい）秋の自然に触れ、遊びに自然物を取り入れて季節感を味わう。
（内容）いろいろな形の落ち葉を使って、お面をつくって遊ぶ。
（ねらい）戸外で身体を動かし、運動遊びの楽しさを味わう。
（内容）手つなぎ鬼ごっこをして遊ぶ。
（ねらい）友達と共に、遊びに必要なものをつくる楽しさを味わう。
（内容）お店屋さんごっこにて使う食べ物を身近な廃材を用いてつくる。

④環境構成

　子どもが楽しく集中して活動に取り組めるように、机や椅子の配置、遊びに必要となる素材や道具・用具、安全面の配慮事項を記入します。保育者や子どもの位置、机や椅子の配置等は、環境構成図で示すとわかりやすいです。

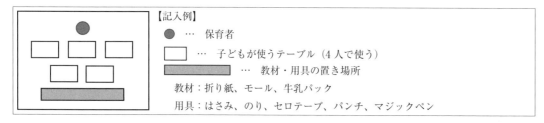

【記入例】
● … 保育者
□ … 子どもが使うテーブル（4人で使う）
▬ … 教材・用具の置き場所
教材：折り紙、モール、牛乳パック
用具：はさみ、のり、セロテープ、パンチ、マジックペン

⑤予想される子どもの活動

　子どもの姿、ねらい、内容、環境構成を記入した後、その空間で活動する子どもの様子を思い浮かべてください。保育者が用意した環境において、子どもがどのように活動をするか、具体的な姿を記入します。子どもが「○○をする」や「○○をして遊ぶ」と書きます。

【記入例】
・登園後、かばんから出席カード、おたよりちょうを出して、今日の日付にシールを貼る。
・ジャンケンゲームをして遊ぶ。
・友達と一緒に、ダンボールハウスづくりをして遊ぶ。
・園庭で好きな遊びをする。（ままごと、砂遊び、ブランコ、のぼり棒、巧技台）
・片付けをした後、手洗い・うがいをする。
・給食の準備をする。
・自分の椅子に座って、絵本を聞く。

⑥保育者の援助・配慮・留意点

　予想される子どもの活動に対し、保育者としてどのような援助・配慮・留意点が必要かを考えて記入します。書き方のポイントとして、保育者は、子ども自身の自立を促すためのサポートをする立場ですから、「～をさせる」や「～と指導する」といった言葉は適切ではありません。子どもが自分で判断して活動できるように見守ったり、気づかせるといった表現を用いましょう。

【記入例】
・手洗い・うがいがきちんとできているか確認する。
・子ども自身が、次の行動を予測して一人で出来るように見守る。
・劇遊びやゲーム遊びを通して、共通の目的をもつ楽しさが味わえるようにする。
・図鑑での調べものをするときは、保育者も一緒に調べて発見や共感をする。
・カルタ遊びやトランプ遊びでは、子どもにわかりやすいようにやってみせる。
・頑張っている友達の様子に気づかせ、自分でもやってみようとする意欲をもたせる。
・自分の思いや考えを伝えやすいように、話しやすい雰囲気づくりをする。

　以下は、指導案の事例です。

●表15-3　部分実習における指導案の例（5歳児）

5月　1日　木曜日		実習生氏名	○○　○○
5歳児　　ゆり組　　12人（		男児　6人　／　女児　6人　）	

子どもの姿	・仲の良い友達同士で誘い合って遊ぶ姿が見られる。 ・友達同士の交流の輪が広がるように、協同遊びに取り組んでいる。 ・勝ち負けのあるゲームを楽しむ姿が見られるが、負けると悔しさのあまり泣いてしまう子どももいる。	ねらい ・新聞陣取りジャンケンゲームを通して、友達と共に協力して遊ぶ楽しさを味わう。
		内容 ・新聞陣取りジャンケンゲームをする。 ・友達同士で話し合い、いろいろな立ち方を工夫する。

時間	環境構成	予想される子どもの活動	保育者の援助・配慮・留意点
10：00	（保） ●━━● ●━━● ●　…子ども	◎陣取りゲームをする。 ・ルールの説明を聞く。 ・保育者から新聞紙1枚を受け取る。	・陣取りゲームに興味がもてるように話しをする。 ・新聞紙が破れないように、丁寧に扱うことを伝える。
10：10		・新聞紙の上に立つ。	・全員に新聞紙が行き渡ったら、新聞紙を広げて、その上に立つように伝える。
		・保育者とジャンケンをする。 ・負けたら、新聞紙を半分に折りたたんで、その上に立つ。 ・ジャンケンをくり返す。	・保育者の「最初はグー、ジャンケン、ポン！」の声に合わせて、ジャンケンをする。 ・最後まで立っている子どもに拍手を送り、どうやって工夫して立ち続けたか、皆の前で尋ねる。

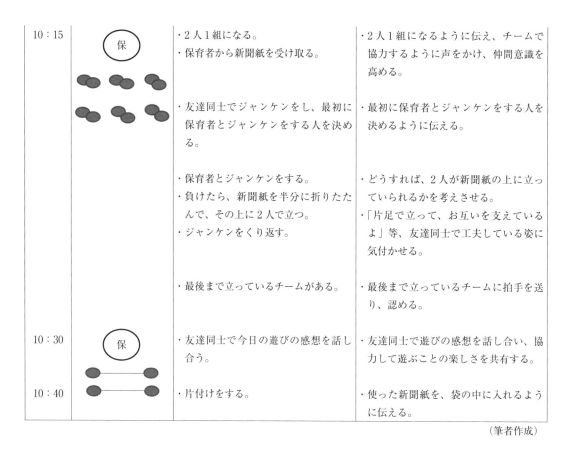

10：15	（保）	・2人1組になる。 ・保育者から新聞紙を受け取る。	・2人1組になるように伝え、チームで協力するように声をかけ、仲間意識を高める。
		・友達同士でジャンケンをし、最初に保育者とジャンケンをする人を決める。	・最初に保育者とジャンケンをする人を決めるように伝える。
		・保育者とジャンケンをする。 ・負けたら、新聞紙を半分に折りたたんで、その上に2人で立つ。 ・ジャンケンをくり返す。	・どうすれば、2人が新聞紙の上に立っていられるかを考えさせる。 ・「片足で立って、お互いを支えているよ」等、友達同士で工夫している姿に気付かせる。
		・最後まで立っているチームがある。	・最後まで立っているチームに拍手を送り、認める。
10：30	（保）	・友達同士で今日の遊びの感想を話し合う。	・友達同士で遊びの感想を話し合い、協力して遊ぶことの楽しさを共有する。
10：40		・片付けをする。	・使った新聞紙を、袋の中に入れるように伝える。

（筆者作成）

（2）指導案作成のポイント

①子ども理解とクラス全体の実態把握

　みなさんは、子どもの発達や保育内容について授業で学んでから実習に出向きますが、現場に出ると、「想定していた子どもの様子とは違う」とギャップを感じることもあると思います。たとえば、乳幼児期は、月齢や生活環境によって大きく左右されるため、個々人の発達の差が大きくでます。指導案を作成する際には、授業で習ったことを参考にしながらも、目の前にいる子どもの姿を一番の手掛かりとしてください。保育・教育実習の場合、子どもの様子を見る期間が1週間程度ありますので、子どもの発言や行動をよく観察して、クラスの状況（子どもが夢中になっている遊び、友達関係、個人やクラス全体が抱える課題、等）を把握し、目の前の子どもの実態に即した指導案作成を心がけましょう。

②ねらいと内容は具体的に記述する

　学生が作成した指導案を見ていると、ねらいと内容の関係性が成り立っていないもの、内容が具体的に記されていないものが多くみられます。そもそも現場経験がありませんから、子どもの実態がつかみにくく、保育活動を具体的にイメージすることが難しいのだと思います。指導案に記述する際には、たとえば、内容に「製作活動をして遊ぶ」ではなく、「廃材を活用して、自由にこいの

ぼりをつくる」というように、必ず具体的に何をするか記述しましょう。

③環境構成の一工夫

　乳幼児の教育は、「環境を通して行う教育」を基本としています。この環境とは、子ども自身が直接的・具体的にかかわろうとする身近な環境のことであり、一人ひとりの子どもの成長にとって価値や意味のあるもののことを指しています。たとえば、製作活動をした後、子どもが創ったものを飾る場所を確保しておけば、子ども同士で自分の作品を見せ合いっこすることができ、それは作品の相互評価を促す場となります。こうした保育者の意図性を指導案の環境構成図の中に書き入れておくと良いでしょう。

④３歳未満児と３歳以上児の指導案の書き方のポイント

　３歳未満児の場合、「養護と教育」が一体となって保育活動が展開されます。乳児期は、特定の大人との親密な関係を大切にする時期であるため、一人ひとりの子どもの生育歴や心身の発達、活動の実態等に即して、個別的な計画を作成することが求められます。指導案を書く場合も、「子どもたちが安全に遊べるように周囲に気を配る」や「泣いている子どもは抱き上げて落ち着くようにする」といった保育者の援助・配慮・留意点の記述が多くなることが特徴です。３歳以上児の場合、前日の子どもの姿を基にして、子ども同士の相互関係や協同的活動が促されるような指導案作りを目指しましょう。実習前から、子どもの基本的な発達を学び、季節に応じた遊び・歌・絵本等の保育教材研究をしておくことで、子どもの実態に応じた指導案づくりができるようになるでしょう。

⑤指導案を書くことは、保育・教育活動の質を高めることにつながる

　保育の現場では、良い意味でも悪い意味でも想定外のことはよく起こり、指導案通りに物事が進むことはなかなかありません。けれども、指導案といった計画を立てておくことで、保育が終わった後に、自身の保育実践を振り返り、活動の改善点を見つけることができます。「ＰＤＣＡサイクル」（Plan：計画→ Do：実行・実践→ Check：評価→ Action：改善）を意識して保育実践をすることにより、保育・教育活動の質を高めることができます。

　〔ワーク２〕次頁の指導案には、「６月」、「４歳児」、「子どもの姿」、「ねらい」が記入されています。この４つのキーワードをもとに、自分が保育活動をすると思って、部分実習の指導案を完成させましょう。また、できあがった指導案をもとにして、模擬保育を実践してみましょう。

6月　1日　火曜日		実習生氏名		㊞
4歳児　　ひまわり組　　16人（　　男児　9人　　／　　女児　7人　）				

子どもの姿	・気の合う友達と2,3人単位で遊ぶ姿が見られるようになった。 ・集団遊びになると、遊びへの集中力が続かない子どももいる。	ねらい 友達と一緒に簡単なルールのある遊びを楽しむ。 内容

時間	環境構成	予想される子どもの活動	保育者の援助・配慮・留意点
10：00			

【参考文献】
厚生労働省（2017）『保育所保育指針』フレーベル館
内閣府（2017）『幼保連携型認定こども園教育・保育要領』フレーベル館
文部科学省（2017）『幼稚園教育要領』フレーベル館

コラム⑮：領域環境を理解した上で、模擬保育を行おう

　環境に焦点を当てて主活動の模擬保育を流れに沿って考えてみましょう。なお、製作遊びなどの主活動を行う場合、必ずしも子どもが全員一斉に行う必要はありませんが、ここでは全員で行うことを前提として考えていきたいと思います。

　まず、導入として子どもたちに話をする場合ですが、環境構成として子どもは保育者の近くに集まり座っている状態でしょうか。それともテーブルごとに別れて椅子に座っている状態でしょうか。絵本などを視聴する場合、保育者の近くに集まるよう促すと良いと思います。

　子どもたちは「先生は今日、何をしてくれるんだろう」と楽しみにしています。導入時に子どもが興味を持ち活動に参加したくなる関わりを持つ、つまり楽しさを伝えることは人的環境としての保育者の重要な役割です。表情や声の大きさ、高さ、話し方や身振りなどを駆使し、伝えたいことをより伝えられるよう、わかりやすく表現していきましょう。なお、この時に子どもがテーマに集中できるよう、保育者は目立たない色の、あまり特徴のない服装をしておくととも、保育者側の背景も、無地の壁やカーテンなどシンプルなものににおくと良いでしょう。

　子どもにものを提示する際に重要なのは、本物をできるだけ観察できるようにすることだと私は思います。製作をするのであれば完成物というモデルの提示や、製作手順を掲示するなどといった手段が有効と思いますが、たとえば「カエルの絵を描く」という描画活動を行う場合、見本にするものは何が良いでしょうか。絵本に描かれたカエルでしょうか。それとも図鑑に載っている写真のカエルでしょうか。もし両者を比べるのであれば、図鑑に載っている本物のカエルの写真を見せることをお勧めします。なぜなら、描かれたカエルはかわいいかもしれませんが、デフォルメされており、本物でないと同時に、本物のカエルが持つ質感を表現できないからです。また、もし総合的に比較をするのであれば、<u>イラストよりも写真、写真よりも映像、映像よりも実物</u>をお勧めします。自然に存在するモノや生物、植物がテーマの場合、情報量としては実物に触れられることが一番の学びとなるためです（下線は筆者）。

　次に、活動に移行します。子どもに提示する製作物は、子どもの発達に即したものでしょうか。楽しい活動となるためには、難しくないものの方がよいでしょう。模擬保育であればなおさらです。また、製作に使う材料はどのような基準で選んだものでしょうか。似たような材料を使い比べて試作をし、その上で吟味して選ばれたものであると良いでしょう。そのため、普段から手芸屋や100円ショップ、また林や山などでさまざまな素材に触れ、その中で「この素材、この材質は製作に適していそうだ」などと覚えておくと非常に役立ちます。

　さて、製作中にはどのような関わりをすべきでしょうか。活動のねらいに即した関わり方を基本とすることはもちろんですが、製作手順を伝えつつ、子ども一人ひとりの発達の程度に合わせて援

助をしたり、子どもが失敗を経験しつつも集中して楽しみながら製作をしていける言葉掛けをしていくことで、子どもにとってその時間は有意義なものとなっていくのではないでしょうか。また、他の子よりも早く製作が終わった子に対しても、例えば製作物を使った遊びを提案するなどといったかかわりがあると良いでしょう。

　製作が終わったら、ステージとマイクを用意して子どもの作った製作物について一つひとつ発表する場を設けたり、どのような部分を工夫したかなど聞いていっても楽しいと思います。楽しい活動であることは前提ですが、基本的には導入と同じく、ねらいに合った話をしつつ子どもが達成感を味わえるように締めくくれることが、活動の意味を子どもが学ぶことにつながると思います。

　以上の内容を踏まえ、練習をしてみましょう。計画通りに進めていく中で、無理が生じていたり材料の不足に気づくこともあるかもしれません。<u>友だちに見てもらい、互いに遠慮せず指摘し合うことも良いでしょう</u>（下線は筆者）。そうすることで、場面によって環境を再構成したりする必要性に気づくかもしれません。そして模擬保育を行った後に振り返ることでより改善していけるので、気になったポイントはメモしておくようにしましょう。これらの事を通して、模擬保育を有意義にし、多くの学びを得られるよう頑張ってください。

＜ちょっとひといき＞

　この本を読んでくださった皆さん、ちょっと "ひといき" 入れましょう。

　空を見上げて大きく息を吸いましょう。

　これだけで大きな自然を感じませんか。"ちょっとひといき" 入れて周りを見回したり、手や足を伸ばして何かに触れてみたりするだけで、いろいろな発見があります。。

　図書館にも行ってみましょう。植物図鑑、動物図鑑、ものについての図鑑など、1冊の図鑑の中にはさまざまな世界が広がります。子どもたちに見せてあげたい、伝えてあげたい、と思うような発見がたくさんあることでしょう。美しくてため息の出るような写真図鑑に出会うと、保育室に広げて置いておきたくなります。植物の名前、特徴、育て方が丁寧に示されている植物図鑑を見ると、子どもたちと一緒に育てたくなります。図書館に足を運んだからこその感動と知識の深まりを感じることでしょう。

　また、基本を忘れないでしっかりと根を張った保育の創造のためには、関係の法令をおさえておくことは大切です。保育を守り、豊かにするために是非復習してください。

　法令：＊保育を支えるもの

　　　　　　日本国憲法

　　　　　　児童の権利に関する条約

　　　　　　教育基本法

　　　　　　学校教育法

　　　　　　社会福祉法

　　　　　　児童福祉法

　　　　　　児童憲章　など

　　　　＊保育の基本となるもの

　　　　　　幼稚園教育要領

　　　　　　保育所保育指針

　　　　　　幼保連携型認定こども園教育・保育要領　など

　日々の保育を豊かにしていくために、基本をおさえつつ、実際に身近な環境に触れたり、図鑑、保育実践・保育環境についての参考書、保育月刊誌などに触れたりしてください。

　そして、「持続可能な開発目標（SDGs）」に向けて保育を考え、取り組んでいきましょう。

■おわりに■

　本書は、将来、子どもに関わる仕事を目指す全ての人に、是非とも手に取って使ってほしいワークブックです。事例検討やグループワークを通して、多様な学びができるように設計されています。テキストを読んだり、講義を聞くだけではなく、毎回の学習においてワークを挟みながら、常に頭と手を動かして学ぶことで、自分の意見を整理してまとめる力も身に付けることができます。また、ワークブックに書き込んだ自分の考えを定期的に振り返ることで、自分の考えの変化に気付いたり、新たなアイデアを思い付くこともあるでしょう。

　さて、2017（平成19）年に『保育所保育指針』『幼稚園教育要領』『幼保連携型認定こども園教育・保育要領』が改訂されました。その中で、「幼児期の終わりまでに育ってほしい姿」として以下の10項目が掲げられました。

幼児期の終わりまでに育ってほしい姿（10の姿）

①健康な心と体、②自立心、③協同性、④道徳性・規範意識の芽生え、⑤社会生活との関わり、⑥思考力の芽生え、⑦自然との関わり・生命尊重、⑧数量や図形、標識や文字などへの関心・感覚、⑨言葉による伝え合い、⑩豊かな感性と表現

　この中で、「保育内容（環境）」と関わりが深いものは、⑤社会生活との関わり、⑥思考力の芽生え、⑦自然との関わり・生命尊重、⑧数量や図形、標識や文字などへの関心・感覚であり、なんと10項目中4項目も占めています。

　「保育内容（環境）」で学ぶ事柄は幅が広く、なおかつ、それぞれの項目が取り扱う内容面も奥が深いです。「保育内容（環境）」のねらい、内容、内容の取扱いを見ると、身近な環境の中で、自然との関わりを深めること、生活の中で身近な物や遊具に関わって工夫して遊ぶこと、数量や文字に対する興味・関心を養うこと、文化や伝統に親しみ、社会とのつながりの意識を養うこと（2017年新設）が重視されていることがわかります。それらを通して、「周囲の様々な環境に好奇心や探究心をもって関わり、それらを生活に取り入れていこうとする力を養う」ことの実現とが求められています。

　折りしも2020（令和2）年は、新型コロナウイルス感染症の影響により、さまざまな活動が自粛を余儀なくされる中、あらゆる活動がテレワークに移行し、社会構造が大きく変化した節目の年でした。書籍作りの際にも、在宅学習ができるように工夫をする必要性を常に感じていました。そして、こうして出来上がったワークブック形式の書籍は、この時代に適したものであるといえ、皆さんの学びの手助けになることを願っています。

編者のひとりとして

岡野 聡子

【編者プロフィール】

田中　卓也（たなか　たくや）
静岡産業大学経営学部　教授
広島大学大学院教育学研究科教育学専攻博士課程後期満期退学
高知大学、日本工業大学、岡崎女子短期大学、静岡産業技術専門学校など多くの大学、専門学校において
非常勤講師を務めてきた経歴がある。吉備国際大学社会福祉学部子ども福祉学科講師、共栄大学教育学部
准教授を経て現職。
代表的業績：『子どもの未来をデザインする保育者論・教育者論』（わかば社、共編著、2020年）。『基礎か
らまなべる保育内容人間関係ワークブック』（あいり出版、共編著、2020年）。『保育者・小学校教師のた
めの道しるべ』（学文社、監修、2017年）。『明日の保育教育にいかす子ども文化』（渓水社、共編者、2016年）。
『現場と教職をむすぶシリーズ2　日本の教育史』（あいり出版、共著、2015年）。など多数。
そのほかにも子育て支援員研修講師、保育士等キャリアアップ講座講師、自治体主催の子育て支援講座講
師など多くの活動を展開している

岡野　聡子（おかの　さとこ）
奈良学園大学人間教育学部　准教授
兵庫教育大学大学院学校教育研究科人間発達教育専攻修了（学校教育学修士）。
単著書として『子どもと環境〜身近な環境とのかかわりを深めるために〜』（株式会社ＥＲＰ）、編著者と
して『子どもの生活理解と環境づくり：就学前教育領域「環境」と小学校教育「生活科」から考える』（ふ
くろう出版）、『保育者になる人のための実習ガイドブックＡ toZ −実践できる！保育所・施設・幼稚園・
認定こども園実習テキスト−』（萌文書林）、共著書として『次世代の教育原理』（大学教育出版）、『子育て
支援（MINERVA はじめて学ぶ保育）』（ミネルヴァ書房）、『保育者・小学校教師のための道しるべ』（学
文社）、『基礎からまなべる保育内容（人間関係）ワークブック』（あいり出版）、『基礎から学ぶ子育て支援
の実際』（大学図書出版）、『子どもとともに未来をデザインする保育者論・教育者論』（わかば社）など多数。

藤井　伊津子（ふじい　いつこ）
吉備国際大学社会科学部経営社会学科　専任講師
聖徳大学大学院児童研究科児童学専攻博士前期課程（通信教育部）修了（児童学修士）
編著書として『明日の保育・教育にいかす子ども文化』（渓水社）、『基礎からまなべる保育内容（人間関係）
ワークブック』（あいり出版）など多数。
地域活動として、子育て支援活動「親子ふれあい遊び」、保育園や幼稚園でのお話会を実施している。

橋爪　けい子（はしづめ　けいこ）
ひがしみかた保育園　園長
浜松短期大学（現浜松学院大学短期大学部）卒業。
養護施設、無認可保育所、認可保育所、公立保育所、にて保育士・園長等。浜松学院大学短期大学部にて
講師、特任准教授。認可こども園副園長を経て現職。
編者書として『明日の保育・教育にいかす子ども文化』（渓水社）、共著書として『幼児教育方法論』（学文
社）など多数。
地域活動として、静岡県磐田市立中央図書館ボランティアグループ「にんぎょうの会」代表。腹話術・パ

ネルシアター・伝承遊びなどを演ずる。

木本　有香（きもと　ゆか）
東海学園大学教育学部 准教授
白梅学園大学大学院 子ども学研究科 子ども学専攻 博士課程在学中。
私立幼稚園教諭、名古屋文化学園保育専門学校教員、同朋大学社会学部専任講師を経て現職。
共著書として『明日の保育・教育にいかす子ども文化』（渓水社）、『保育者・小学校教師のための道しるべ』（学文社）、『新・保育実践を支える環境』（福村出版）、『新・保育実践を支える人間関係』（福村出版）、『基礎から学べる保育内容（人間関係）ワークブック』（あいり出版）など多数。
社会貢献活動として、子育て支援活動グループ等を主催。

小久保　圭一郎（こくぼ　けいいちろう）
倉敷市立短期大学保育学科／専攻科保育臨床専攻 教授
東京家政大学大学院家政学研究科人間生活学専攻博士課程単位取得満期退学・博士（学術）。
共著書として『哲学する保育原理』（教育情報出版）、『子ども家庭支援論』（中央法規出版）、『演習　保育内容・言葉—基礎的事項の理解と指導法—』（建帛社）、『基礎からまなべる保育内容（人間関係）ワークブック』（あいり出版）など多数。
他に、厚生労働省による「保育所における自己評価ガイドライン」試行検証の調査委員や岡山県玉野市保育研究推進委員会の助言者などを担当。

基礎から学べる保育内容（環境）ワークブック

2021 年 10 月 8 日　初版　第 1 刷　発行　　　　　　定価はカバーに表示しています。

著　者	田中卓也
	岡野聡子
	藤井伊津子
	橋爪けい子
	木本有香
	小久保圭一郎
発行所	（株）あいり出版
	〒 600-8436　京都市下京区室町通松原下る
	元両替町 259-1　ベラジオ五条烏丸 305
	電話／ＦＡＸ　075-344-4505　http://airpub.jp/
発行者	石黒憲一
印刷／製本	モリモト印刷（株）

©2021　ISBN978-4-86555-087-0　C3037　Printed in Japan